LA
FRANÇAISE
DU
SIÈCLE
Modes Mœurs Usages
par
Octave UZANNE
PARIS
A·QUANTIN, Editeur
1886

LA

FRANÇAISE

DU SIÈCLE

LA FRANÇAISE
DU
SIÈCLE
par
OCTAVE UZANNE
Dessins de Lynch
A. QUANTIN
ÉDITEUR
Imp. A. Quantin

LA FRANÇAISE DU SIÈCLE

MODES — MŒURS — USAGES

PAR

OCTAVE UZANNE

ILLUSTRATIONS A L'AQUARELLE

DE ALBERT LYNCH

GRAVÉES A L'EAU-FORTE EN COULEURS

PAR EUGÉNE GAUJEAN

PARIS

A. QUANTIN, IMPRIMEUR-ÉDITEUR

7, RUE SAINT-BENOIT, 7

—

M DCCC LXXXVI.

MENUS-PROPOS D'AVANT-GARDE

PAR

SEBASTIAN SANCHEZ

MENUS-PROPOS

D'AVANT-GARDE

E toutes les menues difficultés que
l'on puisse avoir à vaincre dans
le domaine des productions artistiques, je ne crois point, par
personnelle expérience, qu'il en soit
de plus ardues, de plus insurmon-
tables, de plus décourageantes
que celles qui surgissent à tout
instant, à chaque détour de page,
dans la confection d'un beau livre, conçu en dehors
des formes reçues et des routines ordinaires.

Dans toute innovation rêvée, mûrie, couvée,
durant de longues heures, de nombreux détails res-

tent dans la pénombre perfide des théories; aussi, lorsqu'on vient à la pratique, à l'exécution matérielle, tout menace de s'effondrer dans la complexité incroyable et indescriptible des transformations diverses nécessitées par la reproduction fidéle d'une illustration originale.

Il semble aussitôt que tout trahisse le directeur de l'œuvre, depuis le temps jusqu'aux interprètes, que tout vienne à l'encontre des projets caressés et que l'harmonie absolue soit impossible dans le concours des talents qu'il appelle à son aide.

On voulait parfaire un livre hors ligne, on pensait pouvoir insuffler ses idées, ses ardeurs, ses poussées vers les régions du beau à tout un monde d'exécutants et alors l'on constate avec dépit des défections involontaires, des résultats médiocres, qui proviennent souvent de cette bizarrerie que l'artiste était trop ouvrier ou que l'ouvrier se sentait trop artiste.

Oh! les ailes de cire qui nous portent vers l'idéal, elles fondent au premier soleil des réalités humaines et nous font retomber, brisé par les efforts, meurtri par la chute, dans cet éternel parc à moutons des à peu près et du terre à terre.

Le public qui cherche, non sans raison, le coquet, le gracieux, l'aimable, de préférence parfois au correct, au sévère, à l'impeccable, dans la décoration intime d'un volume et qui aime à flirter *du regard avec les vignettes plutôt que de prendre possession du corps même de l'ouvrage ; le public, qui ignore presque toujours les procédés de facture aussi bien que les recherches combinées à l'infini pour les heureuses dispositions d'un texte ou le mariage assorti et favorable des couleurs, ce même public enfin qui juge d'un œil reposé, inexorablement positif, l'œuvre qu'on lui présente, ne saura jamais ce que cette jolie chose qu'il favorise de son attention a coûté de soucis, de fatigues, de désespérances et de soins.*

Un livre !... qui s'en douterait? cela s'écrit, s'imprime, se broche et se met en boutique.

A la vérité, — puisque cette Dame, sous figure de lettre ornée, semble sortir ici toute nue et enamourée de mon encrier, — je dois confesser que cette mise au jour d'un volume de luxe est moins rudimentaire, moins accessible surtout au premier venu, et que la gestation en est longue et incroyablement fébrile. Le résultat de son succès se trouve donc rarement en rapport avec les tracas qu'il a suscités ; c'est un enfant ingrat qu'on a procréé et qui ne transforme guère en gentillesses vaniteuses, en honneur, même en estime discrète, toutes les richesses artistiques et les espérances dont on l'a doté. Il aura le sort des êtres frivoles, l'art de plaire, non celui de

captiver ; on lui accordera quelque grâce, mais on ne s'arrêtera point — comme il conviendrait — à ses mérites ; on louera sa tournure, peut-être discutera-t-on son bon goût ; ceux qui l'accueilleront en connaissance de cause auront pour lui quelque indulgence, mais pour qui n'aura fait que de l'entrevoir, manier, interroger à la hâte, il sera comparable tout au plus aux raisins de la fable... trop verts..., je vous le dis !

Ainsi va le monde ! — Cependant, avant qu'une œuvre ne fasse voile sur l'océan des âges, suivant l'image consacrée, il n'est pas dépourvu de sagesse de l'agréer, de la pavoiser, de marquer la devise de l'auteur sur la proue, à l'avant, et aussi d'enfermer dans cette frêle brigantine, d'après la coutume, les plans et devis de sa construction, afin que, par la suite, si elle résiste aux accalmies ou fait face au gros temps, on puisse conserver son état civil et par là connaître son origine et un peu son histoire.

La Française du Siècle *est, en tant que conception et exécution, la résultante d'un effort réel et doublement méritoire, en ce sens que ce livre a été écrit, combiné et exécuté presque à contre-cœur... et volonté de son créateur. Je puis exposer sans détours et fournir les raisons de cette étrangeté, puisque le fantasque monographe des « Ornements de la femme » ne m'a point jugé indigne, bien que pur*

hidalgo de naissance, de poster ici quelques Menus Propos d'Avant-Garde en tête de ces chapitres d'érudition légére sur les mœurs et chiffons du temps.

Mon excellent ami Uzanne ne m'accusera pas de traîtrise, si je livre ici en franchise les confidences qu'il a bien voulu me faire dans nos intimes causeries, en ces heures mélancoliques et de sombre découragement où rien n'est plus en sensation appréciable dans le présent, mais où tout s'accentue radieusement aux horizons bleus de l'avenir.

Aprés la publication des trois volumes qui forment la charmante collection dont cet ouvrage est le complément, l'auteur de Son Altesse la Femme songea à mettre un terme à ces éditions de haute curiosité, munis de tous les charmes de l'illustration, mais qui, pour littéraires et délicatés qu'on veuille bien les tenir dans un certain milieu, ne donnaient aucunement satisfaction à ses aspirations de littérateur original et d'ardent lettré, bien plus épris en soi-même de beau style que d'élégante « bibliophilie ».

En réalité, je ne saurais donner tort à l'écrivain de ces pimpantes fantaisies ; le fait même d'apporter jusqu'à la minutie, ses soins à la décoration et à l'habillement de ses volumes a dû lui créer une situation fausse et diversement interprétée par l'Opinion, cette musarde et cette éventée, qui capte d'ordinaire ses jugements à la ligne volante, dans le courant banal des On dit, *au-dessus de toutes les superficialités des hommes et des choses.*

Des livres de la nature de ceux-ci ressemblent beaucoup à ces jolies femmes mondaines dont on vante partout — si on ne les discute pas — les toilettes, la splendeur, les bijoux, mais dont peu de personnes cherchent à connaître et à approfondir l'esprit et les qualités réelles; chacun préférant, plutôt que de les divulguer, étouffer leur distinction intime et leurs délicatesses affinées sous cette éternelle et terrible dénomination : La Belle Madame X***.

Que de gens et de choses passent ainsi dans notre société jaseuse et peu pénétrante sous la chape d'or faux de la réputation qu'on leur prête !

Dans ce pays de race latine et noble, le Money making author, *il faut le dire, n'est heureusement point seul considéré; mais l'esprit public se plaît, plus que partout ailleurs, à classer, à étiqueter et à cataloguer, dans d'innombrables subdivisions, tous les producteurs et cultivateurs de la pensée.*

On trace, un peu trop à la légère et d'après ses premières œuvres, un cercle moral autour de tout artiste ou artisan intellectuel. On veut spécialiser le talent de l'un, assigner définitivement une place à tel autre; on parque ou, mieux encore, on emprisonne celui-ci dans une sphère dont on semble lui interdire toute espérance d'issue. On exile celui-là dans son petit domaine sans qu'il lui soit permis d'agrandir ou de varier ses perspectives. Il est bien malaisé souvent d'aller en appel contre ces décisions sommaires et trop souvent mal rendues de l'Opinion.

Or mon intraitable ami se révolte comme un jeune diable dans un bénitier contre tous ces baptêmes dont on veut bien l'ondoyer spécialement. Le croira-t-on ? Les épithètes uniformes d'érudit, de bibliophile ou de bibliographe, qu'on lui confère de toutes parts avec justesse, l'irritent parfois à l'excès. Inconstant par tempérament autant qu'instable, altier jusqu'à l'insenséisme, il fait mine de répudier son œuvre passée, ses amours de résurrection, ses recherches d'histoire littéraire, ses galanteries contées et surtout ces livres gracieux où il a joint mieux que personne le goût artistique aux mignardises de la forme et du style. Il rêve, le malheureux ! par horreur de ce classement niais, d'être infidèle à la réputation dont il jouit déjà amplement auprès d'un petit nombre de délicats ; il jure de vivre selon les caprices de « sa papillonne » et de ne plus procréer que des enfants naturels, conçus à travers champs de la fantaisie dans les écoles buissonnières et les passions légitimes de ses caprices indépendants.

Il veut cueillir désormais les rouges fleurs d'idéal au pays d'imagination, écouter l'écho de ses senti-

ments, la vibration de ses sensations, se nourrir des
fruits de nature, vivre en un mot au bon et chaud
soleil de la pensée, ici et là, sans entraves, sans parti
pris ni ligne de conduite, ainsi que soufflera le vent,
et ne plus surtout se restreindre avec autant d'ardeur
à la trituration des estampes et des enluminures
dans les sous-sols du métier.

Liés d'étroite et cordiale sympathie, autant par
le culte des livres que par l'intimité des voyages,
que de fois ne l'ai-je point vu se promener de long
en large et monologuer curieusement dans ma petite
bibliothèque de Salmantica, jurant d'abandonner
pour longtemps ces livres mordorés et satinés qui
égayent la vitrine des libraires et cesser enfin d'être
« l'agréable auteur de L'Éventail » ! — Rien n'égalait
ses emportements vis-à-vis de ces entreprises consen-
ties « à forfait » ; j'avais beau lui objecter qu'il était
libre, que rien ne contraignait sa verve ni son caractère à se ployer à ces choses; que, d'autre part, il
pouvait faire, sous ces enveloppes élégantes, autant
de belles œuvres qu'il lui plairait d'inventer.

J'ajoutais que Son Altesse la Femme était déjà
un livre d'allure essentiellement originale et digne de
l'estime des vrais friands de la langue..., mais tout
cela n'arrêtait point son humeur mécontente; il disait
sombrement qu'il ne faut pas se hâter de juger les

hommes, que tel qui croit faire sa vie s'aperçoit un
jour qu'il la subit, que, pour lui, le goût des livres
l'avait insensiblement conduit à la confection, à l'ar-
chitecture même du bouquin et qu'empoigné par
l'engrenage de cette manutention artistique et intéressante, il s'était senti peu à peu entraîné plus loin
qu'il n'eût voulu. Aussi avec quelle joie presque
puérile appelait-il maintenant l'époque prochaine où
il reviendrait aux jolis ouvrages noir sur blanc, à
peine imagés de petites vignettes, glissant paisible-
ment dans le texte comme des gondoles sur la lagune !

Tout ce que je pus obtenir de ce singulier ennemi
de soi-même et d'autrui, de ce fol ombrageux, de ce
chercheur de lune en plein midi, c'est qu'il complé-
tât, avant d'opérer sa vivante évolution de mystique
et de rêveur littéraire, cette collection dédiée aux
grâces féminines et qui demeurait singulièrement
bancale avec ses trois volumes. Je lui fis valoir qu'il
ne pouvait ainsi quitter la partie en vilain joueur, et
qu'il était équitable d'accorder, pour ainsi dire, une
revanche au monde des bibliophiles, en raison de la
non-perfection des illustrations aquarellées de son
dernier livre.

Promesse me fut donnée, sous la condition toutefois que j'aurais à présenter, à titre de vieille amitié,
ses lettres de crédit à ce même public qu'il traita si

cavalièrement il y a un an à peine dans une préface bien castillane. — Ainsi viens-je, sans pouvoir m'y soustraire, prouver de nouveau qu'il n'y a plus de Pyrénées en publiant familièrement ici ce trop long certificat d'origine de la Française du Siècle.

✳

Sans doute, l'ingrat historiographe de L'Ombrelle *nous donnera par la suite des romans, des nouvelles d'un caractère très précieux et d'une belle facture ; certainement j'en ai la certitude, l'introducteur des* Poètes de Ruelles *affinera encore sa plume dans des physiologies, des portraits, des pensées et des observations, des études critiques d'une science déliée et d'un art pénétrant ; mais j'invoquerai ici un de nos vieux proverbes de Castille :* « Cada mosca tiene su sombra : *Chaque mouche a son ombre* ». *Aussi plus grandiront les ailes de la mouche, plus l'ombre se projettera au loin sur l'essaim des moustiques et des mites, sur la foule des envieux et des reptiles à sang froid.*

Qui sait si, plus tard, au milieu de succès moins particuliers que ceux qui l'ont accueilli jusqu'à ce jour, le philologue, l'ex-courtisan de Son Altesse la Femme *n'aura pas à regretter, avec une douce tristesse, ses anciennes passions enveloppantes, où, tour à tour écrivain et artiste, il vivait dans l'heureuse harmonie de ces deux sensations de créateur, dans* des livres jeunes et originaux, qui, bien qu'il en puisse dire, resteront toujours à son honneur?

Qui sait s'il n'aura point lâché la proie pour l'ombre et s'il pourra ressaisir le cheveu unique de l'occasion qu'il tient encore si fermement? — Homme de boutades, amant de l'impossible, dédaigneux des conquêtes obtenues, il ne tardera pas à remarquer que plus on s'élève, plus on s'isole, que plus on s'épure, moins on se divulgue, et que, somme toute, ces aimables ouvrages méritaient plus de complaisance et d'estime qu'il ne daigna leur en accorder..

Je n'en veux pour exemple que ce dernier livre : La Française du Siècle, que je viens de parcourir avec un plaisir de dilettante, comme un étonnant diorama de nos mœurs et costumes depuis la Révolution. C'est bien l'histoire du bon ton et des excentricités sociales que nous trouvons là; histoire variée à l'infini sur un thème qui semble toujours le même et qui montre l'esprit français aussi futile, aussi ingénieux, aussi désintéressé qu'il se présentera toujours à l'admiration des autres peuples, comme cet esprit d'enfant terrible qui désarme alors même qu'il inquiète.

Tous ces scintillants tableaux parisiens, ces minutieuses descriptions de costumes, qui se suivent depuis l'an VIII de la République jusqu'aux der-

niéres années que nous venons de vivre, cette évocation si réussie de tant de régnes évanouis sous l'éternel
sceptre à girouette de la Mode, ces divers chapitres
concis, judicieusement ordonnés, sans prétentions
historiques ni considérations morales et politiques,
ces pages nourries de menus documents bien choisis
et fondus ensemble; tout dans ce livre est conçu et
écrit avec ce je ne sais quoi qui est la marque d'une
personnalité évidente.

Mon frondeur camarade, chez qui la superbe, ou
plutôt la conscience de sa valeur, crée cette dualité
bizarre qu'il est toujours mécontent de l'œuvre qu'il
vient de faire et prodigieusement gonflé de celle qu'il
rêve d'exécuter, se défend d'avoir écrit un livre qui
vaille. Il proteste contre la brièveté et l'étranglement
des époques décrites, il argue qu'il faut considérer
cette œuvre comme un coup d'œil hâtif sur ce siècle
qui marche si hâtivement à son heure dernière, qu'il
n'a fait que brocher des notes sur les modes et des
menus faits consignés par divers contemporains, qu'il
a cousu le tout de son mieux; mais il tient à proclamer qu'on ne doit trouver ici qu'une sorte de
sommaire de l'ouvrage qui serait à préparer.

Que nous importe cependant tout ce verbiage
inutile, à nous qui trouvons l'œuvre plaisante, légère,
gracieuse et galamment présentée; elle reste dans son
milieu et retourne à son but. Nous ne réclamons
certes pas un ouvrage de somniférente allure, digne

*des palmes académiques, sur la Société française au xix*e* siècle; ce que nous demandons, c'est un livre franchement mondain, semé de traits, d'aperçus originaux, rempli du frou-frou des modes, du chiffonné des mœurs, de tous les échos de la vie élégante, qui soit comme le miroir tournant des coutumes, un coquet recueil que nous puissions lire en moralistes sages, effleurant tout, n'appuyant pas — album de salon ou petit monument du costume, image éloquente de notre frivolité; — que nous faut-il de plus?*

De jolis doigts roses et effilés tourneront délicatement ces pages, des yeux de femmes, rieurs et inconstants, picoreront le texte à l'aventure; de vieilles et charmantes douairières le liront attentivement, prises soudain d'émotion au souvenir de leurs chapeaux Paméla ou de leurs premières manches à la folle; autour et à propos de ces chapitres vivants et pittoresques, les conversations s'animeront, on remuera les cendres du passé.... Que d'amour et de sensations troublantes nombre de nos mondaines sur le retour n'ont-elles pas laissé dans un canezou d'organdi ou dans une jupe de barège!

Tel qu'il se présente dans l'harmonie polychrome de sa fine décoration, ce bel ouvrage traversera les siècles et bravera plus sûrement la postérité — même littérairement — que toutes les lourdes encyclopédies et surtout que la plupart des romans réalistes de ce temps dont la vogue s'évanouit déjà.

Ce pauvre Uzanne devra philosophiquement prendre son parti du succès qui va encore accueillir cette dernière production qu'il réprouve. — Je dois, puisqu'il l'exige, inscrire ici son P. P. C.; mais j'ai le sentiment que son absence ne sera point de longue durée et qu'il suffira d'un léger repos pour apporter aussitôt le calme en ses esprits.

Il conviendrait aux amis des jolies publications de ramener ce fugitif qui sourit sceptiquement à cette conclusion qu'il me voit écrire; mais alors même qu'il s'en défende, espérons qu'après la publication des livres singuliers qu'il tient en incubation, pour nous être servis sous petit format, il nous réserve encore par la suite de beaux et estimables ouvrages illustrés aussi coquets et pimpants que La Française du Siècle.

D. Sébastian Sanchez y Gusman.

Tolède, 10 octobre 1885.

NYMPHES ET MERVEILLEUSÉS

NYMPHES ET MERVEILLEUSES

A LA vérité, il faut bien le reconnaître, notre XIXe siècle s'éveille et prend naissance dès le lendemain du 9 Thermidor. — Sous le Directoire, qui fut, selon le mot d'un lettré, comme la Régence de la Révolution, la société française se reforme à nouveau dans l'oubli du passé, l'insouciance de l'avenir et l'épicurisme du présent le plus effréné. Logiquement, on peut dire que la frontière du XVIIIe siècle est franchie et qu'une ère nouvelle commence avec toutes les transformations de mœurs, de langage, de costumes qui marquent l'évolution normale de la France vers un nouveau Régime. L'esprit public se reposait après le terrible cauchemar de la Terreur, et l'on put croire un moment, dans l'ivresse de cette accalmie soudaine, à un complet apaisement populaire, à une sérieuse réparation politique et à une véritable rénovation civile.

Mercier, qui écrivait alors un nouveau *Tableau de Paris,* constate que tout a changé de face. — « Le luxe sort plus brillant que jamais des décombres fumants, la culture des arts reprend tout son lustre, et les lettres, quoi qu'on en dise, n'ont souffert qu'une éclipse passagère... Les spectacles ont repris leur pompe, et les modes sont encore ce qu'on idolâtre le plus.

« De toutes les parties du corps social, poursuit-il, on a vu paraître de nouveaux opulents, et avec eux l'or et les richesses : de sorte qu'au premier coup d'œil on dirait que les grands maux ont été réparés ; mais ils ne le sont pas.

« Paris étant une ville essentiellement commerçante, essentiellement industrieuse, essentiellement aubergiste, on croirait que pour elle le malheur qui n'est plus n'a jamais existé.

« Une brillante superficie déguise les plaintes et voile les murmures. Le luxe est comme une liqueur spiritueuse qui enivre entièrement les esprits, et je ne sais quelle mobilité dans les opinions fait que chacun de son côté s'attache à une sorte d'épicurisme qui laisse doucement aller les choses en ne se souciant plus que du moment actuel.

« Le moment présent, dit Mercier en terminant sa préface, fait donc déjà un étonnant et parfait contraste avec celui de la servitude, de la terreur, du déchirement des familles, du sang et des pleurs.

« Si tous les événements désastreux ne sont pas oubliés au milieu de nos fêtes et de nos plaisirs, ils sont couverts d'un rideau ou que l'on craint de soulever ou que l'on soulève rarement [1]. »

Aucun jugement contemporain n'est plus exact ni plus clair que celui-ci. Le citoyen Mercier y résume à merveille l'état des esprits aux premiers jours du Directoire. La plus parfaite anarchie succédait au « Rasoir national » ; la Révolution avait tout détruit, même l'empire des femmes ; les clubs, les réunions de la rue avaient fait disparaître jusqu'aux derniers vestiges des salons de réunion ; tout l'esprit, toute la grâce, toute la finesse françaises semblaient avoir sombré dans les sanglants délires de la plèbe. La réaction thermidorienne avait tout à créer, tout à instituer de nouveau ; elle avait aussi à honneur d'effacer jusqu'aux souvenirs monstrueux de la Terreur.

Aussi n'est-il point étonnant de voir en tous lieux renaître le plaisir, les jeux, l'allégresse après une si longue contrainte ; la confusion est partout ; on sent qu'on vit dans l'interrègne de la morale ; on s'étourdit, on s'oublie, on se grise, on

____

1. *Paris pendant la Révolution*. Avant-propos du 10 frimaire an VII.

s'abandonne, on se donne avec facilité et sans prendre garde aux moyens. La femme, principalement, a conscience qu'elle vient de reconquérir ses droits les plus charmants. Rien ne l'avait plus révoltée, ainsi que le fit remarquer le citoyen Thérémin[1], que cette tentative absurde de la Révolution qui prétendait introduire dans nos mœurs la sévérité ou la férocité des lois sociales des premiers Romains. Effrayées de cette austérité soi-disant républicaine, nos Françaises s'efforcèrent de faire naître une corruption plus forte que sous la monarchie même, afin de nous rassurer à jamais contre les fausses rigueurs spartiates ; elles ne voulaient que plaire, et leur puissance séductrice fut plus forte que bien des décrets rigides, que la plupart des mesures prises afin de réglementer la vertu et les mœurs.

La création du Directoire remit la femme sur le trône mythologique des grâces et des amours, et en fit la folle souveraine d'une société haletante, fiévreuse, agitée, assez semblable à une foire ouverte à tous les appétits, à toutes les passions basses, à l'agiotage, aux amours à l'encan, à tous les marchandages possibles qui excluaient le sentiment. « Cherchez-vous les salons, écrivent MM. de Goncourt[2], regardez dans la rue : promenades publiques, jardins

---

1. Thérémin, *De la condition des femmes,* an VII.

2. E. et J. de Goncourt, *Société française pendant le Directoire,* ch. IV.

publics, bals publics, voilà les salons du Directoire,
salons d'égalité ouverts à deux battants, ceux-ci à
tout payant et ceux-là à tout venant. Le plaisir, ce
n'était qu'une petite fête de famille : c'est un repas
fraternel ! Plus de caste et plus de rang ! Tout le
monde s'amuse ensemble et en plein vent ! la société
n'est chez elle que hors de son chez soi ! La jeune
fille danse avec le premier venu ; actrices et femmes
de directeurs, épouses et courtisanes se coudoient et
se croisent !... un bruit, un mouvement, des rencontres ! C'est délicieux, c'est incroyable. »

Et l'art de vivre, l'art de plaire, la politesse
exquise, ce mélange heureux d'égards et de défé-
rences, de prévenances et de délicatesse, de confiance et de respect, d'aisance et de pudeur, comme
il est dit dans les *Lettres d'un mameluck*? La politesse? ce n'est plus qu'un préjugé ; les jeunes gens
parlent aux femmes le chapeau sur la tête ; un vieil-
lard est-il prévenant auprès d'elles, les jeunes gens
ridiculisent le bonhomme. — Ramasse-t-on l'éventail
d'une femme, elle ne remercie point ; la salue-t-on,
elle ne rend pas le salut. Elle passe, lorgnant les
beaux garçons, riant au nez des difformes. La femme
du Directoire paraît avoir matérialisé son esprit et
« animalisé » son cœur ; plus de marivaudages, de
galanteries musquées et délicates, mais, dans toute
rencontre, des échanges de propos directs qui créent
des accouplements hâtifs. Il n'est plus de fruit dé-

fendu dans ce paradis du paganisme; toute tactique d'amour consiste à provoquer le désir et à le satisfaire presque aussitôt. On conjugue selon le caprice du moment le verbe : *je te veux, tu me veux, nous nous voulons,* et on ne passe jamais à l'impersonnel, préférant arriver de suite à l'imparfait ou au passé défini. Le divorce est là pour dénouer les liens de ceux que la jalousie torture, — mais le cynisme des temps a rendu rares les délicatesses. — Le mariage n'est plus considéré, selon le mot terrible de Cambacérès, dans le Code, que comme « la Nature en action »; on ne tient cet acte civil que pour temporaire, l'incompatibilité d'humeur déliant ceux que les convenances physiques avaient réuni.

« La femme va de mari en mari, disent curieusement les historiens du Directoire, poursuivant son bonheur, dénouant, renouant sa ceinture. Elle circule comme une marchandise gracieuse. Elle est épouse, le temps que cela ne l'ennuie pas; elle est mère, le temps que cela l'amuse... le mari court des bras de l'une aux bras de l'autre, demandant une concubine à l'épouse et le rassasiement de ses appétits à des noces multipliées. On divorce pour rien... on se marie pour divorcer, on se démarie pour se remarier, sans que l'homme ait la jalousie du passé, sans que la femme en ait la pudeur, et il semble que les mariages de ce temps aient pris modèle sur les haras où l'on procède par essais. »

II

D'après l'auteur des *Souvenirs thermidoriens*[1], la réaction dansante fut surtout soudaine, impétueuse, formidable, au lendemain de la délivrance. A peine les échafauds étaient-ils renversés, — le puisard de la barrière du Trône exhalait encore l'odeur fétide du sang qu'on y avait versé, — que déjà les bals s'organisaient par tous les points de la capitale ; les sons joyeux de la clarinette, du violon, du tambourin, du galoubet, convoquaient aux plaisirs de la danse les survivants de la Terreur qui s'y pressèrent en foule. Duval, dans ses *Souvenirs,* énumère à plaisir ces différents temples de Terpsichore : « Voici d'abord le magnifique jardin du fermier général Boutin, exécuté avec tous ses collègues *pour avoir mêlé de l'eau au tabac de la ferme,* et que les entrepreneurs baptisèrent du nom, italien de *Tivoli.* Ce fut le premier qui ouvrit ses portes au public.. Un autre bal se forma dans le jardin Marbeuf, au bout de l'avenue des Champs-Élysées. On

---

1. *Souvenirs thermidoriens,* par Georges Duval, auteur des *Souvenirs de la Terreur.* Paris, Victor Magen, 1844, t. II, chap. xiv. Duval, au cours de ce chapitre, donne sur les bals de Paris pendant le Directoire de très curieux détails qu'on ne saurait trouver ailleurs. Nous avons emprunté beaucoup de notes caractéristiques à ces descriptions qui ont le mérite du *de visu.*

dansait gaiement dans ces deux endroits, sans songer que les cendres de ceux-là qui avaient créé ces jardins enchanteurs et qui venaient d'être moissonnés par la faux révolutionnaire étaient à peine refroidies. »

D'autres bals s'ouvrirent successivement : ce furent les bals de l'Élysée national, ci-devant Bourbon, dont le nègre Julien dirigeait l'orchestre avec un rare bonheur, et qui était le Musard de l'époque ; on y faisait de délicieuses promenades en bateau ; puis le bal du jardin des Capucines, fréquenté par les marchandes de modes de la rue Saint-Honoré et de la rue Neuve-des-Petits-Champs ; le Ranelagh du Bois de Boulogne, abandonné alors aux clercs d'huissiers et aux commis marchands ; le Wauxhall, où les tours d'adresse de l'escamoteur Wal, aussi bien que les plaisirs de la danse, faisaient affluer les grisettes du Marais et du quartier du Temple ; tous ces bals étaient ouverts le quintidi et le décadi à la moyenne bourgeoisie. Frascati et le Pavillon de Hanovre étaient le rendez-vous des hautes classes de la société. Dans la Cité se trouvait le bal de la Veillée, où l'on donnait de singuliers *concerts miauliques;* il y avait là une vingtaine de chats dont on n'apercevait que les têtes, disposés sur les touches d'un clavecin : ces touches étaient des lames pointues dont chacune allait frapper la queue d'un chat qui poussait un cri, chaque cri répondait à une note de musique et l'ensemble produisait un charivari admirable; ce bal de la Veillée est devenu depuis le fameux Prado, cher aux étudiants.

Sur la rive gauche de la Seine, on rencontrait le bal de la rue Théouville, ci-devant Dauphine; puis en face du portail septentrional de l'église Saint-Sulpice, à l'entrée de la rue Servandoni, on voyait, se balançant avec grâce dans les airs, mollement agité, un transparent rose sur lequel on lisait : *Bal des zéphirs*. Ce bal, où le galoubet faisait rage, avait été établi dans l'ancien cimetière Saint-Sulpice; on lisait encore sur le seuil cette inscription : *Hic requiescant, beatam spem expectantes*. Les pierres tumulaires n'étaient point même enlevées à l'intérieur de ce lieu de plaisir, mais la jeunesse dansante s'inquiétait peu de profaner la cendre des morts et la folie brillait de tout son éclat dans cette nécropole. Rue d'Assas, près l'ancien couvent des Carmes Déchaux, dans le cimetière même du prieuré, autre carmagnole : on y avait ouvert le *Bal des Tilleuls*. Les corybantes *macabres* y affluaient.

L'épidémie saltatrice croissait de jour en jour. A la suite du décret, voté sur la proposition de Boissy d'Anglas, qui restituait aux héritiers des condamnés de la Révolution les biens qui leur avaient été confisqués, la joie revint au camp de ces déshérités, qui passaient ainsi subitement en quelques jours de la misère à l'opulence; ces jeunes gens, étourdis par ce retour de fortune, se lancèrent dans tous les plaisirs de leur âge; ils fondèrent un bal aristocratique pour eux seuls, et décidèrent de n'y admettre que ceux-là qui pourraient faire valoir un père, une mère, un frère ou une sœur, un oncle pour le moins, immolés sur la place de la Révolution ou à la barrière du Trône. Telle fut l'origine du fameux *Bal des victimes (Hôtel Richelieu)*, qui eut un cérémonial tout particulier et amena de véritables innovations dans les excentricités de la Mode.

En entrant dans ce bal, on *saluait à la victime*, d'un mouvement sec de tête, qui imitait celui du condamné au moment où le bourreau, le basculant sur la planche, passait sa tête dans la fatale lunette. On affectait une grâce énorme dans ce salut que chacun étudiait de son mieux; quelques jeunes héros de contredanse y mettaient une élégance telle qu'ils étaient accueillis par l'aréopage féminin avec une faveur marquée. Chaque cavalier invitait et reconduisait sa danseuse avec un *salut à la victime;* bien mieux, pour accentuer cette infâme comédie, quelques raffinés d'élégance imaginèrent de se faire tondre les cheveux à ras sur la nuque, de la même manière dont Samson procédait à l'égard des condamnés par le tribunal révolutionnaire. Cette ingénieuse invention causa des transports d'admiration dans le camp des jeunes extravagants. Les dames

suivirent la mode et se firent couper résolument les
cheveux à la racine. La *coiffure à la victime* venait
de naître, elle devait s'étendre à la France entière et
s'appeler par la suite *coiffure à la Titus* ou *à la Caracalla*. Pour compléter cette bouffonnerie navrante,
les filles de suppliciés adoptèrent le schall rouge,
en souvenir du schall que le bourreau avait jeté sur
les épaules de Charlotte Corday et des dames Sainte-
Amarante, avant de monter à l'échafaud.

Ce *Bal des victimes* devint vivement, en raison
de sa société relevée et de ses démences, le point de
mire du Paris joyeux; on y allait contempler les
modes du jour, car les jeunes filles qui venaient le
soir y danser les valses nouvelles rivalisaient de toilettes et de grâces...; peu à peu elles quittèrent le
deuil et arborèrent effrontément le satin, le velours
et les kachemirs aux tons chauds. Ce fut à ces inso-
lentes réunions qu'apparurent les premières tuniques laconiennes et les chlamydes à méandres de
couleur, la chemise de perkale, les robes de gaze ou
de linon et le cothurne avec ses charmants enlace-
ments de rubans sur le cou-de-pied; toutes les fantaisies romaines et grecques que nous décrirons par
la suite furent inaugurées pour la plupart par des
descendantes de guillotinés; quelques aimables dames archi-tondues poussèrent l'amour du réalisme
et de l'horreur jusqu'à serrer autour de leur cou un
mince collier rouge qui imitait à ravir la section du

couperet. Les Incroyables juraient leur *petite pa'ole d'honneu panachée* que c'était divin, admi'able, ruisselant d'inouïsme.

Dans les intervalles des contredanses, on ingurgitait glaces, punch, sorbets ; on prenait la main de sa danseuse et on recevait des déclarations d'amour ; de plus, s'il faut en croire un témoin oculaire, l'auteur des *Souvenirs thermidoriens,* « on finissait par convenir entre soi qu'après tout Robespierre n'était pas si diable qu'il était noir et que *la Révolution avait son beau côté*[1] ».

Il ne manquait plus à ces insensés que de chanter, à l'imitation de la belle Cabarus, le couplet d'une chanson satirique alors à demi célèbre chez les Directeurs :

> Quand Robespierre reviendra,
> Tous les jours deviendront des fêtes.
> La Terreur alors renaîtra
> Et nous verrons tomber des têtes.
> Mais je regarde... hélas ! hélas !
> Robespierre ne revient pas.

A côté du Bal des victimes tout Paris donnait les violons, c'était un branle général, on sautait par abonnements au *Bal de Calypso,* faubourg Montmartre, à l'hôtel d'Aligre et à l'hôtel Biron, au Ly-

---

1. Ripault, dans *Une journée de Paris,* an V, nous montre aussi un témoin oculaire qui est Polichinelle, égaré au bal des victimes: « Je vis un beau jeune homme, et ce beau jeune homme me dit: « Ah! Poli-

cée des bibliophiles et des nouvellistes, rue de Ver-
neuil; rue de l'Échiquier chez le fleuriste Wenzell;
dans toutes les rues de la cité. La bonne société se
rendait de préférence à l'hôtel Longueville où la belle
Mme Hamelin ne dédaignait pas de montrer ses grâces
nonchalantes. Dans ces salons somptueux, écrivent
MM. de Goncourt, « l'archet d'Hulin commande, et
tout un monde ondule aux accompagnements pro-
longés des corps qui syncopent deux mesures. Trois
cents femmes parfumées et flottantes, dans leurs
déshabillés en Vénus, laissant voir tout ce qu'elles
ne font pas voir, impudiques » : jambe fine, pied fri-
pon, corsage élégant, main errante, gorge d'Armide,
forme de Callipyge, « au bras de vigoureux danseurs
tournent, tournent et tournent encore, nouées à
leurs Adonis, qui tendent une cuisse infatigable,
dessinée par le nankin souple. Sous les corniches
d'or, mille glaces répètent les sourires et les enlace-
ments, les vêtements balayés et moulant le corps ;
et les poitrines de marbre et les bouches qui, dans
l'ivresse et le tourbillon, s'ouvrent et fleurissent
comme des roses. »

Toutes les classes de la société sont galvanisées
par la *Dansomanie*; on rigaudonne jusque dans les

« chinelle... ils ont tué mon père! — Ils ont tué votre père? » — et je
tirai mon mouchoir de ma poche — et il se mit à danser :

*Zigue, zague don don
Un pas de rigaudon.*

greniers misérables des faubourgs; plusieurs *bals champêtres* se sont établis dans les caves de restaurateurs, dans les sous-sols de boutiquiers.

III

Jamais la nation française n'offrit aux yeux de l'observateur un spectacle plus curieux, plus incohérent, plus varié, plus inconcevable que celui qu'elle présenta au début du Directoire. La Révolution avait tout submergé : traditions, mœurs, langage, trône, autel, modes et manières ; mais la légèreté spéciale à ce peuple surnageait au-dessus de tant de ruines ; l'esprit d'insouciance, de forfanterie, d'à-propos, cet immortel esprit frondeur et rieur, fonds précieux du caractère national, reparaissait au lendemain de la tourmente plus alerte, plus vivace, plus indomptable encore qu'autrefois. Comme il ne restait rien du passé et qu'on ne pouvait improviser en un jour une société avec des convenances, des usages, des vêtements entièrement inédits, on emprunta le tout à l'histoire ancienne et aux nations disparues ; chacun s'affubla, se grima, « gargonna » à sa guise ; ce fut un travestissement général, un carnaval sans limites, une orgie sans fin et sans raison. On ne peut regarder aujourd'hui cette époque dans son ensemble et dans les menus détails de son fonctionnement sans croire à une immense mystification, à une colossale caricature composée par quelque humoriste de l'école de Hogarth ou de Rowlandson. — Cependant, en dépit des folies parisiennes, nos armées de Sambre-et-Meuse, du Rhin et de la Moselle, ainsi que nos glorieux bataillons d'Italie portaient au loin le renom de nos armes et des germes de liberté ; le monde entier retentissait en échos de nos victoires ; les prodiges de Bonaparte inquiétaient la vieille Europe et on aurait pu penser que tant de gloire était capable d'énorgueillir et d'assagir à la fois les pantins qui avaient fait de Paris un *Guignol* étourdissant et impossible à décrire ! — Il n'en était rien.

On aura peine à croire qu'au milieu des victoires de Ney, de Championnet et du général Bonaparte, on n'observait dans la capitale, sur nos boulevards et places publiques aucun enthousiasme, aucun mouvement de joie. S'il faut ajouter créance aux journaux contemporains, on passait froidement, avec la plus complète indifférence, à côté des crieurs qui annonçaient les plus grands succès de nos généraux ; on désirait la paix, la tranquillité, l'abondance ; l'agiotage avait gagné toutes les classes, la griserie de la mascarade anéantissait les idées nobles dans tous ces cerveaux. Les *Écrouelleux,* les *Inconcevables,* les *Merveilleux,* le menton caché dans leurs cravates démesurées, maudissaient le gouvernement des Directeurs, méconnaissaient les mérites de nos soldats, disant d'un air affadé : *Pa'ole victimée, cela ne peut pas durer !* — Les fêtes même données par le Directoire, pour rendre honneur à la vaillance de nos braves, manquaient parfois de dignité et de véritable grandeur ; le mauvais goût s'y montrait flagrant et le comédisme de ces cérémonies n'en excluait pas le ridicule. Lorsque Junot vint apporter au gouvernement les drapeaux conquis à la bataille de la Favorite, il y fut reçu de même que Murat en grand apparat ; mais l'aide de camp Lavallette, dans une lettre à un ami intime, relate avec quelle pompe on procédait d'ordinaire aux petites réceptions plus modestes. « J'ai vu, écrivait-il, dans les appartements du petit Luxembourg nos cinq rois, vêtus du manteau de François Ier, chamarrés de dentelles et coiffés du chapeau à la Henri IV. La figure de La Revellière-Lépeaux semblait un bouchon fixé sur deux épingles. M. de Talleyrand, en pantalon de soie lie de vin, assis sur un pliant aux pieds de Barras et présentant gravement à ses souverains un ambassadeur du grand-duc de Toscane, tandis que le général Bonaparte mangeait le dîner de son maître. A droite, sur une estrade, cinquante musiciens et chanteurs de l'Opéra, Lainé, Lays et les actrices, criant une cantate patriotique sur la musique de Méhul ; à gauche, sur une autre estrade, deux cents femmes, belles de jeunesse, de fraîcheur et de nudité, s'extasiant sur le bonheur et la majesté de la République;

toutes portaient une tunique de mousseline et un pantalon de soie collant, à la façon des danseuses d'opéra ; la plupart avaient des bagues aux orteils. Le lendemain de cette belle fête, des milliers de familles étaient proscrites dans leurs chefs, quarante-huit départements étaient veufs de leurs représentants et trente journalistes allaient mourir à Sinnamary ou sur les bords de l'Ohio [1]. »

En dehors des fêtes dédiées à la victoire, le gouvernement des directeurs avait, selon l'usage antique, institué des fêtes publiques à dates fixes, en l'honneur de la République et de sa fondation ; d'autres consacrées à la Patrie, à la Vertu, à la Jeunesse; il y eut même *la Fête des Époux*, singulier à-propos en ce temps où le divorce faisait rage et où l'on se serait si fort gardé d'élever le plus petit édicule à la Fidélité et surtout à la Constance.

Le Luxembourg, dont les cinq Directeurs avaient pris possession, était devenu, ainsi que le remarque le poète Arnault [2], une véritable Cour; et, comme cette cour était très accessible aux femmes, grâce au voluptueux Barras, elles y avaient apporté les manières les plus douces. La galanterie avait fait disparaître peu à peu les austérités républicaines et les

1. *Décret du Directoire exécutif*, Paris, 18 fructidor an V, qui ordonnait l'arrestation de trente-deux directeurs de journaux qui furent pour la plupart déportés à la Guyane française. Voir : *Voyage à Cayenne et chez les anthropophages*, par Louis Ange-Pitou. Paris, an XIII (1805).
2. *Souvenirs d'un sexagénaire*, 4 vol. in-8°, 1833.

femmes reprenaient largement l'empire dont elles avaient été dépossédées pendant le long règne de la Convention. Les citoyennes de Staël, Hamelin, de Château-Régnault, Bonaparte et Tallien étaient les reines de Paris, et il n'était point de fêtes sans elles. La fille du comte de Cabarrus, l'ex-épouse de M. de Fontenay, la future femme du comte de Caraman-Chimay, la belle Mme Tallien, pour tout dire, semblait surtout la souveraine incontestée du Directoire et on avait pu attacher au bas de son costume romain cet écriteau satirique : *Respect aux propriétés nationales.* On racontait alors un propos d'esprit qui circula longtemps dans cette société frivole : un muscadin s'était attaché aux pas de la grande citoyenne, et, comme celle-ci, énervée, se retournait : « Qu'avez-vous, monsieur, à me considérer ? — Je ne vous considère pas, madame, aurait répondu le badin, j'examine les diamants de la couronne[1]. »

« Cette femme, s'écrient avec trop d'enthousiasme les portraitistes du Directoire[2], est la fée du Luxembourg. Elle pare ses cérémonies de son sourire. Elle organise ses parties et ses galas ; elle se change, elle se métamorphose pour rajeunir ses fêtes et leur donner un nouvel attrait. Tantôt, c'est Calypso accueillant les amis de Tallien dans sa chaumière du Cours-la-Reine et les promenant sous les

1. *Petite poste.* Nivôse an V.
2. *La société française sous le Directoire,* chap. x.

dais de verdure enlacés d'emblèmes, parmi les arbres, comme la nymphe du dieu ; au Palais de Suresnes, c'est une paysanne de Frascati, déesse déguisée qui se trahit en marchant ! Comme un sceptre léger, avec lequel ses doigts badinent, elle tient en main la surintendance du goût ; et par elle, les forte-piano de la liste civile, dont on laissait dormir les mélodies, sont distribués aux belles mains dignes de les réveiller. Par elle, la maison directoriale est emplie des collections de musique de Marie-Antoinette, de Madame Victoire, de Madame Élisabeth et de Mme de Bombelles. Elle est parmi les cinq rois comme une Grâce obéie, qui les range à ses menus vouloirs ; son exemple fait autorité pour le détail et le décor de son intérieur ; et se met-elle à raffoler de porcelaine de Sèvres, ministres et directeurs ne manquent aussitôt d'avoir un cabaret sur leurs tables.

« Qui ne l'applaudit en tout ce qu'elle commande et en tout ce qu'elle ose, poursuivent les brillants peintres de cette société, qui ne l'applaudit en son chant, qui ne l'applaudit en sa danse, cette Sempronia qui repose les yeux lassés de Catilina et ne conspire que pour les amusements ? Tout son esprit a été tourné vers l'agrément, et la harpe, le triomphe de ses beaux bras ! et les langues méridionales, musique de la voix ! elle sait tout ce qui enchaîne les regards et les oreilles... Son visage s'embellit d'un charme qu'on ne trouve qu'en elle. Circé ! qui au temps des échafauds et des bonnets rouges obligeait les bourreaux à se poudrer à la poudre d'œillet et qui aujourd'hui, dans le cortége du jabot et des culottes à rosettes de Fréron et de sa jeunesse dorée, mène, en souriant, le chœur des scandales de la France. »

On peut ajouter à ce portrait radieux que la ci-devant Mme de Fontenay montra toujours vis-à-vis de tous les déshérités une charité inépuisable, ce qui fit dire à juste titre que si la citoyenne Bonaparte avait acquis le surnom de Notre-Dame des Victoires, la charmante Talien méritait en tous points celui de Notre-Dame de Bon Secours.

Le plus éclatant salon du Luxembourg, celui où la meilleure compagnie tenait à se rendre était incontestablement le salon de Barras. Il était simple et plein de bonhomie ; on y causait peu avec cet esprit de conversation d'autrefois, mais on y riait, on y jouait, on y plaisantait sans façons. M. de Talleyrand s'y asseyait complaisamment à une table de bouillotte et Mme de Staël y venait chuchoter avec Marie-Joseph Chénier, ou François de Neufchâteau. Les autres Directeurs recevaient chacun un jour de la décade, mais leurs réceptions manquaient d'éclat. Chez La Revellière-Lépeaux — Laide peau, comme on le nommait, — le vulgarisateur de la *théophilanthropie,* on ne parlait que de la religion nouvelle et l'on « mettait ses vices à la question ». Chez Carnot, qui donnait de mesquines soirées dans un petit

appartement bas de plafond, on chantait quelques
ariettes guerrières et on ne jurait que par « l'Évangile de la gendarmerie ». Chez Letourneur et Rew-
bell, c'était pis encore : on y bâillait et on n'y causait
point. Mais la France entière n'était pas à Paris,
elle était représentée surtout au Palais Serbelloni à
Milan et au château de Montebello, où une cour brillante se pressait pour rendre hommage à la séduisante Joséphine qui faisait par ses grâces non moins
de conquêtes que son illustre époux par son génie.

IV

Le vrai salon du Directoire, c'est la rue, c'est le
Petit Coblentz, c'est Tivoli avec ses quarante arpents
de verdure, c'est Monceaux, c'est Idalie, c'est Biron,
c'est l'Élysée, c'est même enfin la Butte Montmartre, d'où montent tous les soirs dans la nuit dix
feux d'artifice qui secouent sur Paris leurs gerbes
de pierreries, leurs paillettes d'or et d'émeraudes.
La rue est l'éternelle fête, où défilent chaque nuit,
se rendant à Feydeau et aux autres spectacles, les
bandes élégantes des agioteurs, des fournisseurs en
compagnie de leurs folles maîtresses. L'été, le plaisir
est sous la feuillée à Bagatelle, au *Jardin de Virginie*, faubourg du Roule, au ci-devant hôtel Beaujon ;
les *aimables* et les Merveilleux raffolent de ces en-

droits gazonnés, pleins de ruisseaux, de cascades, de grottes, de tourelles, éclairés de flammes rouges, remplis par le bruit des fanfares, où les nymphes à demi nues ne fuient point sous les saules. Le grand attrait, c'est principalement l'ancien jardin Boutin, c'est Tivoli, mélange de coteaux, de cascatelles, de sentiers sinueux, où l'on passait au milieu d'une haie de jolies femmes, et où se tenaient tous les jeux connus à Cythère. Dans ce pays de l'Astrée égayé par les fantaisies pyriques des Ruggieri, par les cabrioles, les chansons légères, les parades de foire, les acrobates de toute nature, la société du Directoire se retrouverait dans son milieu carnavalesque.

« Bruyants plaisirs, s'écriait Mercier, les femmes sont dans leur élément au milieu de votre tumulte ! Le contentement perce dans leur maintien, malgré leur déchaînement épouvantable contre le temps qui court ; jamais elles n'ont joui d'une telle licence chez aucun peuple ; la rudesse jacobine expire même devant les non cocardées. Elles ont dansé, bu, mangé ; elles ont trompé trois ou quatre adorateurs de sectes opposées, avec une aisance et une franchise qui feraient croire que notre siècle n'a plus besoin de la moindre nuance d'hypocrisie et de dissimulation et qu'il est au-dessous de nous de pallier nos habitudes et nos goûts quels qu'ils soient.

« Quel bruit se fait entendre ? Quelle est cette femme que les applaudissements précèdent ? Approchons, voyons. La foule se presse autour d'elle. Est-elle nue? Je doute. Approchons de plus près; ceci mérite mes crayons : je vois son léger pantalon, comparable à la fameuse culotte de peau de Mgr le comte d'Artois, que quatre grands laquais soulevaient en l'air pour le faire tomber dans le vêtement, de manière qu'il ne formât aucun pli, lequel, ainsi emboîté tout le jour, il fallait déculotter le soir en le soulevant de la même manière et encore avec plus d'efforts; le pantalon féminin, dis-je, très serré, quoique de soie, surpasse peut-être encore la fameuse culotte par sa collure parfaite; il est garni d'espéces de bracelets. Le justaucorps est échancré savamment et sous une gaze artistement peinte palpitent les réservoirs de la maternité. Une chemise de linon clair laisse apercevoir et les jambes et les cuisses, qui sont embrassés par des cercles en or et diamantés. Une cohue de jeunes gens l'environne avec le langage d'une joie dissolue. Encore une hardiesse de *Merveilleuse*, et l'on pourrait contempler parmi nous les antiques danses des filles de Laconie : il reste si peu à faire tomber que je ne sais si la pudeur véritable ne gagnerait pas à l'enlèvement de ce voile transparent. Le pantalon couleur de chair, strictement appliqué sur la peau, irrite l'imagination et ne laisse voir qu'en beau les formes et les appas lès plus clandestins;... et voilà les beaux jours qui succèdent à ceux de Robespierre! »

A l'automne, les concerts, les thés, les théâtres attiraient même affluence de robes transparentes et de mentons embéguinés; on rigaudonne, on prend des glaces chez Garchy et chez Velloni; le pavillon de Hanovre fait fureur : dans cette partie de l'ancien hôtel de Richelieu, les déesses couronnées de roses, parfumées d'essence, flottant dans leurs robes à l'athénienne, œilladent aux incroyables, agitent l'éventail, vont, viennent, tourbillonnent, rieuses, chiffonnées, provocantes, le verbe haut, l'œil insolent, cherchant le mâle. Et chacun clabaude dans l'assemblée des hommes, on y met à découvert le gouvernement. « Toutes ces femmes que tu vois, dit un jeune Spartiate à son voisin... — Hé bien? — Elles sont entretenues par des députés. — Tu crois? — Celle-ci, aux yeux vifs, à la taille svelte, c'est la maîtresse de Raffron, le même qui proclame la cocarde comme le plus bel ornement d'un citoyen. — Cette demoiselle à la gorge nue et couverte de diamants, c'est la sœur de Guyomard : on a payé sa dernière motion avec les diamants de la couronne. Là-bas, cette blonde élancée, c'est la fille cadette d'Esnard, qui a mis de côté cent mille écus pour sa dot : on la marie demain. Il n'y a pas, vois-tu, conclut le jeune homme, un seul membre du Corps législatif qui n'ait ici deux ou trois femmes dont chacune des robes coûte à la République une partie de ses domaines. »

Ainsi les propos s'entre-croisent, propos de galanterie, de marchandage, de politique, d'agiotage, quolibets et calembours. Toutes les opinions, toutes les castes se trouvaient réunies dans ces *sociétés* *d'abonnement*, où l'on acclamait M. de Trénis, le *Vestris* des salons. Les femmes du meilleur monde, qui craignaient de montrer du luxe et d'attirer l'attention en recevant habituellement chez elles, ne redoutaient point de se mêler aux nymphes galantes qui fréquentaient même Thélusson et l'hôtel de Richelieu. On y allait en grande toilette; mais, *par instinct*, on préférait le négligé. Thélusson, Frascati, le pavillon de Hanovre étaient composés à *peu près* de la meilleure société de Paris, au dire de Mme d'Abrantès[1]. On y allait en masse, au sortir de l'Opéra ou de tout autre spectacle; quelquefois vingt-cinq de la même société; on y retrouvait ses anciennes connaissances, puis on rentrait sur le tard prendre une tasse de *thé*.... un thé où il y avait de tout, depuis des daubes jusqu'à des petits pois et du vin de Champagne.

Les femmes du Directoire n'avaient, d'ailleurs, rien des délicatesses et des grâces alanguies qui constituèrent par la suite ce qu'on nomma la distinction. Presque toutes furent des luronnes, masculinisées, fortes sur le propos, à la carnation empour-

---

1. *Histoire des salons de Paris.* Tableaux et portraits du grand monde, par la duchesse d'Abrantès, 1838, t. III.

prée, à l'embonpoint débordant, des *tétonnières* à gros appétits, à gourmandise gloutonne, dominées par leurs sens, bien qu'elles affectassent des pâmoisons soudaines ou des migraines qu'elles ignoraient. Il fallait les voir, après le concert, se ruer au souper, dévorer dindes, perdrix froides, truffes et pâtés d'anchois par bouchées démesurées, boire vins et liqueurs, manger en un mot, selon un pamphlétaire, pour le rentier, pour le soldat, pour le commis, pour chaque employé de la République. Ne leur fallait-il se faire « le coffre solide » pour résister aux fluxions de poitrine qui les guettaient à la sortie? — La bise d'hiver avait vite raison d'une robe de linon ou d'une friponne tunique au *lever de l'aurore*.

V

La Merveilleuse et la nymphe sont bien les créatures typiques de cette époque de corruption profonde et de libertinage ouvert, où tous les êtres mineurs s'émancipèrent d'eux-mêmes, et qui proclama le *sacrement de l'adultère*. Merveilleuses et nymphes furent les divinités reconnues aux décadis et à toutes les fêtes païennes de la République: beautés plastiques, prêtresses de la nudité et du dieu des jardins, femmes folles de leur corps chez qui l'âme a déserté, perdues dans une fausse mythologie qui les porte à se *gréciser* par amour de l'antique jusqu'à pouvoir se comparer aux Vénus de la statuaire et aux héroïnes de la Fable.

Les jeunes gens à la mode furent leurs dignes partenaires. Écoutons une contemporaine qui nous esquissera leur portrait en quelques lignes : « Présomptueux plus que la jeunesse ne l'est ordinairement ; ignorants, parce que depuis six ou sept ans l'éducation était interrompue, faisant succéder la licence et la débauche à la galanterie ; querelleurs, plus qu'on ne le permettrait à des hommes vivant continuellement au bivouac ; ayant inventé un jargon presque aussi ridicule que leur immense cravate qui semblait une demi-pièce de mousseline tournée autour d'eux, et, par-dessus tout, fats et impertinents. En guerre avec le parti royaliste du club de Clichy, ils prirent un costume qui devait différer de tous points avec celui des jeunes aristocrates : un très petit gilet, un habit avec deux grands pans en queue de morue, un pantalon dont j'aurais pu faire une robe, des petites bottes à la Souvarow, une cravate dans laquelle ils étaient enterrés. Ajoutez à cette toilette une petite canne en forme de massue, longue comme la moitié du bras, un lorgnon grand comme une soucoupe, des cheveux frisés en serpenteaux, qui leur cachaient les yeux et la moitié du visage, et vous aurez l'idée d'un *incroyable* de cette époque. »

Pour les *Merveilleuses,* inspectons-les à dater de

l'an V, où furent rétablis le jour de l'an, les cadeaux, ainsi que cette promenade de Longchamps, dont le défilé n'était qu'un assaut de luxe et de beauté et un incroyable concours de toilette. Nous pourrons les suivre ainsi, à travers les éphémérides de la mode, jusqu'aux dernières années du siècle.

Rien de moins français que la mise des élégantes à ce début de l'an V ; ce ne sont, ainsi que le constatent les courriéristes de modes[1], que tuniques grecques, cothurnes grecs, dolmans turcs, toquets suisses ; tout annonce des voyageuses disposées à courir le monde. Ce qui ne doit pas moins surprendre, après les *Titus,* les coiffures *à la victime* et à l'hérissé, c'est la préférence aveugle donnée aux perruques. Jadis, à ce seul nom, une belle frissonnait ; mais le sacrifice de ses cheveux en cette année républicaine est devenu un triomphe... ; avec cela, robe retroussée jusqu'au mollet : ce dégagement, d'accord avec les souliers plats, donnait aux femmes une allure décidée et hommasse peu en rapport avec leur sexe.

Sur les coiffures on disposait un coquet béguin, assez semblable aux toquets du premier âge, ou bien un chapeau spencer à haute calotte cannelée avec plume de vautour. La même année vit naître les toquets froncés à coulisses, le toquet d'enfant garni en

1. *Variations des costumes français* à la fin du xviiie siècle.

dentelles, tantôt en linon, tantôt en velours noir,
cerise, violet ou gros vert, avec une ganse plate sur
les coutures et une dentelle froncée sur le bord. On
porta même le turban à calotte plate, orné de perles
et d'une aigrette, mis à la mode par l'arrivée d'un
ambassadeur turc à Paris ; on vit en plus la capote
anglaise garnie de crêpe, le bonnet à la jardinière,
le chapeau casque-ballon, le bonnet *à la folle,* garni
de fichus multicolores, de blondes et de dentelles,
qui cachaient à demi le visage ; la cornette en linon
gazé, le chapeau blanc *à la Lisbeth* sur un toquet cerise que la Saint-Aubin venait de mettre en vogue
dans l'opéra de *Lisbeth* au Théâtre-Italien ; le chapeau à la primerose, également emprunté à la pièce
de ce nom, le casque à la Minerve, le turban en spirales et vingt autres couvre-chefs plus gracieux les
uns que les autres, mais qui, pour extravagants
qu'ils fussent, seyaient à merveille à tous ces visages
provocants et mutins.

Le fichu fut également porté en négligé, drapé,
chiffonné au hasard ; aucune règle n'en détermina la
forme, le goût seul présidait à sa confection, et ce fut
bien la plus adorable coiffure du monde, la plus
coquine : point de chignon, quelques cheveux épars
sur le front, une draperie amplement bouillonnée,
une bride noire et l'attention de ménager les trois
pointes, voilà seulement ce que l'usage généralisa.
Il fallait voir les grisettes en négligé du matin : une

gravure nous présente une Parisienne dans cette tenue de la première heure; le premier fichu blanc venu lui tient lieu de coiffe, les cheveux errent à l'aventure et le chignon reste invisible ; camisole blanche serrée à la taille et jupon rayé, bas à coins, mules de maroquin vert : ainsi costumée, la belle s'en allait chercher sa provision au marché le plus proche ; point de panier, mais un mouchoir blanc à la main pour recevoir les œufs, les fleurs et les fruits. Avec cette grosse emplette on la voit revenir gaiement, tenant d'une main le petit paquet et de l'autre le jupon, relevé très haut jusqu'au genou afin de laisser voir la chemise blanche et le mollet bien placé enfermé dans un tricot immaculé.

Pour la promenade matinale, les belles Parisiennes, afin de mieux se livrer aux caresses du zéphyr, dépouillaient tout ornement superflu; une robe mince dessine les formes, un schall de linon jaune citron ou rose pâle tient lieu de fichu; sur la tête un simple béguin, dont la dentelle s'échappe sous une gaze ornée de paillette ; aux pieds des petits cothurnes rouges, dont les rubans de même couleur s'enroulent autour de la jambe : tel était le costume dans lequel les grâces assistaient, déjà sur le tard, au lever du soleil.

Dans le jour on ne voyait que chemises *à la prétresse,* robes de linon coupées sur patron antique, robes *à la Diane, à la Minerve, à la Galatée, à la*

NYMPHES ET MERVEILLEUSES

Vestale, à l'Omphale, laissant les bras nus et dessi-
nant les formes comme des draperies mouillées ;
aussi pouvait-on appliquer à toutes les femmes du
Directoire ce couplet des *Conseils à Fanny* par le
Prevôt d'Irai :

> Afin d'éveiller le désir,
> Tu choisis étoffe légère ;
> Pour faire entrevoir le plaisir,
> Tu prends la gaze la plus claire.
> Crois-moi, ce que l'œil ne voit pas
> N'en inspire que plus d'ivresse ;
> Cacher à propos ses appas
> Est un raffinement d'adresse.

On exigeait des costumes qui dessinassent les
formes et eussent de la transparence. Les médecins
s'évertuaient à répéter sur tous les tons que le cli-
mat de France, si tempéré qu'il soit, ne comportait
pas cependant la légéreté des costumes de l'ancienne
Grèce ; mais on ne se souciait aucunement des conseils des Hippocrates, et Delessart put affirmer, à la
fin de l'an VI, avoir vu mourir plus de jeunes filles
depuis le système des nudités gazées que dans les
quarante années précédentes.

Quelques audacieuses, parmi lesquelles la belle
Mme Hamelin, osèrent se promener entièrement nues
dans un fourreau de gaze ; d'autres montrèrent leurs
seins découverts, mais ces tentatives impudiques ne
se renouvelèrent point ; le bon sens populaire les fit

avorter dès le début et les extravagantes qui n'avaient pas eu le sentiment de leur impudeur sentirent celui de leur impudence quand les huées et les apostrophes les poursuivirent jusqu'à leur domicile.

Les modes transparentes se modifièrent cependant peu à peu ; tout change vite dans l'empire féminin. Vers le mois de brumaire an VII, les robes à *l'Égyptienne,* les turbans et spencers à *l'Algérienne,* les *Fichus au Nil* et les bonnets en *crocodile* occupèrent un instant l'esprit de nos frivoles. La campagne d'Égypte mit en vogue d'énormes turbans multicolores à côte et à plumes recourbées, dont le fond était de nuance unie opposée à la toque ; le *réticule* ou ridicule revint en faveur sous une forme militaire, on le varia à l'infini, et les devises, les devinettes, les arabesques, les camées, les chiffres l'ornèrent tour à tour.

On ébouriffa à la main les cheveux à la *Titus* ou à la *Caracalla,* on porta des chapeaux Jockey, des chapeaux de courrier, des chapeaux de chasse, garnis de velours coquelicot ; le chapeau *au ballon* et le casque eurent grand succès. La multiplicité des modes qui se rivalisaient, se croisaient, se succédaient « avec la rapidité des éclairs », arriva à égarer et effarer jusqu'aux directeurs de journaux attitrés.

Les schalls surtout défrayèrent la chronique ; on les portait en sautoir, bien drapés sur l'épaule et ramenés sur le bras, les extrémités flottant au vent ;

on raffina sur les schalls aux couleurs vives, ponceau, orange, abricot avec bordures à la grecque noires ou blanches; on en essaya de toutes les formes, de toutes les étoffes, de tous les tons; on en fabriqua en drap, en casimir, en serge, en tricot de soie et plus communément en poil de lapin gris. Schalls en pointe, schalls carrés, schalls houppelandes, d'hiver et d'été. Les élégantes commencèrent à couvrir leurs appas et les souliers cothurnes disparurent peu à peu.

Quant au costume des hommes au milieu de l'an VII, en voici un croquis ébauché par la tête.

Le chapeau demi-haut de forme est à petits bords, relevés sur les côtés et abaissés sur le devant et à l'arrière; les cheveux sont toujours à la Titus, en accord avec les favoris, qui tombent au milieu de la joue et descendent parfois jusque sous le menton; le bon ton exige que les favoris soient noirs, lors même que les cheveux seraient blonds; les *impossibles* ont plus d'un moyen pour satisfaire à la mode.

La cravate est haute, toujours blanche et à nœuds très affilés en queues de rat. Elle engonce le cou jusqu'à l'oreille. La chemise plissée est en fine batiste; on la voit à travers la large échancrure du gilet.

L'habit est ordinairement brun foncé, à collet noir ou violet, croisé avec boutons de métal uni. Le pantalon, très collant, est en casimir chamois; il règne sur les coutures une petite ganse d'or, à la manière des hussards. La mode implique un énorme cachet de parade à l'extrémité des chaînes de montre, au lieu de canne un simple petit crochet de bambou, bottes molles venant à la naissance du mollet ; au bal, frac noir, culotte de couleur et souliers. La nuance des pantalons est jaune serin et vert bouteille.

VI

Les modes furent si changeantes de 1795 à 1799 qu'il ne faudrait pas moins de deux gros volumes in-8° pour en fixer les différents caractères et les principales variations. Mercier lui-même, qui saisissait cependant sur l'heure d'un crayon si habile et si fin ces physionomies parisiennes, semble déconcerté de se voir si vite distancé par le changement des costumes féminins :

« Il y a peu de jours, dit-il, la taille des femmes illustres se dessinait en cœur ; actuellement celle des corsets se termine en ailes de papillon dont le sexe semble vouloir en tout se rapprocher et qu'il prend le plus souvent pour modèle. Hier, c'étaient les chapeaux *à la Paméla,* aujourd'hui les chapeaux *à l'anglaise;* hier elles se paraient de plumes, de fleurs, de rubans, ou bien un mouchoir en forme de turban les assimilait à des odalisques ; aujourd'hui, leurs bonnets prennent la même forme que ceux de

. la femme de Philippe de Commines ; hier, leurs souliers élégants étaient chargés de rosettes et fixés au
bas de la jambe avec un ruban artistement noué ;
aujourd'hui, une grande boucle figurée en paillettes
leur couvre presque entièrement le pied et ne laisse
apercevoir que le bout d'un léger bouquet dont la
broderie vient finir sur la petite pointe du soulier.
Et que l'on ne croie pas que ce soit ici la caricature
de nos illustres ; à peine est-ce une légère esquisse
de leurs folies, de leurs changements variés à l'infini [1]. »

Les merveilleuses survécurent de deux ans aux
incroyables ; Mme Tallien, cette éventée qui les per-
sonnifia si gracieusement, nous donne un modèle de
la dernière heure ; elle vint chez Barras à la fin
de 1798 avec une robe de mousseline très ample,
tombant en larges plis autour d'elle et faite sur le
modèle d'une tunique de statue grecque ; les manches étaient rattachées sur le bras par des boutons
en camées antiques ; sur les épaules, à la ceinture,
d'autres camées servaient d'attache ; pas de gants ;
à l'un des bras, un serpent d'or émaillé dont la tête
était une émeraude.

Les bijoux se portaient en nombre aux bras, aux
doigts, au cou, en bandeaux, en aigrettes sur turbans ; on ne peut se faire une idée de la quantité
innombrable de diamants alors en circulation ; les

1. Mercier, *Nouveau Tableau de Paris*. chap. xciv. Caricatures folies.

chaînes de cou, d'une longueur excessive, tombant jusqu'au genou, relevées et agrafées au-dessous du sein, étaient adoptées par la majorité des femmes. Des rivières de pierres précieuses et de diamants enserraient leur gorge; les ceintures étaient gemmées et les perles couraient en zigzags sur la gaze des robes et des coiffures; les camées, mis en relief dans les toilettes de Mme Bonaparte, à son retour d'Italie, ornèrent les cheveux et le cou; on vit jusqu'à des perruques enrichies de plaques et de ces colombes, dits *esprits,* en diamants.

L'anglomanie sévissait sur les mœurs et les modes non moins que *l'anticomanie;* pour certaines élégantes, rien n'était de bon goût et de jolie façon si l'usage n'en était pas établi à Londres. Ce fut au point que certaines ouvrières françaises franchirent le détroit pour satisfaire plus sûrement à leur clientèle; elles retrouvèrent au delà de la France l'ancienne maison de Mlle Bertin, la célèbre modiste parisienne[1], ainsi que de nombreuses émigrées, alors établies marchandes de modes, et qui avaient su vulgariser pour autrui le goût exquis qu'elles montraient autrefois à la Cour pour elles-mêmes.

Du pays des brumes nous vinrent des douillettes bordées de velours, le spencer bordé en poil, ouvert sur la poitrine demi-nue, donnant aux

1. *Tableau général du goût, des modes et costumes de Paris,* an V.

dames un faux air Lodoïska; les bonnets paysanne,
les dolmans, qu'on écrivait *dolimans,* et une multitude de costumes d'un arrangement assez heureux.
— Les chapeaux capote en linon, en organdi, en
dentelle avec ganses perlées, furent bien accueillis
sur la fin de l'an VII; on les portait de nuance
blanche, rose, jonquille ou bleue; ils accompa-
gnaient la mode des tabliers-fichus de couleur
assortie; ces tabliers formaient à la fois ceinture et
fichu; on les nouait d'abord par derrière avec des
rubans en rosettes. Cette parure pouvait paraître
au premier coup d'œil un objet de luxe; mais, dit
un écrivain de modes[1], « si l'on en venait à considérer la finesse transparente de la robe qui servait
souvent de chemise, on lui reconnaissait la même
utilité qu'aux tabliers des sauvages ».

VII

Un citoyen, « amateur du sexe », Lucas Roche-
mont, songea, vers la fin du Directoire, à ouvrir un
concours de modes nouvelles entre les véritables
élégants de France; la mode primée devant porter le
nom de sa créatrice. Il fit part à La Mésangère de
cet ingénieux projet dans la lettre que voici :

---

1. *Journal des dames et des modes,* 15 prairial an VII.

« Vous parlez périodiquement, Citoyen, des prodiges de la Mode, de ses formes multipliées, de ses succès inouïs ; mais vous gardez le silence sur les séduisants objets qui lui ouvrent une si brillante carrière. En effet, que serait la Mode sans les grâces du sexe charmant qui la fait admirer ? Une fugitive qui échapperait à tous les yeux. Mais elle doit tout aux belles, et son élégance, et sa richesse, et sa simplicité ; rien n'est bien, rien n'est beau sans leur concours. N'est-ce pas le bon goût qui admet telle ou telle folie de la Mode? et le bon goût n'est-il pas le cachet de la beauté ? A ce titre, je voudrais, Citoyen, qu'à chaque époque qui nous amène une mode nouvelle, vous rendissiez justice à qui elle appartient, et que vous nommassiez celle qui la crée ; ce serait un moyen d'émulation qui nous mettrait en mesure de connaître à qui nous sommes redevables de tel ou tel changement dans la parure des dames et qui nous ouvrirait un temple où chacun aurait la faculté de porter son encens aux pieds de la divinité à laquelle il accorderait la préférence. »

Ce projet original n'eut pas de suite et cela est fâcheux, car, à part une vingtaine de jolies femmes à demi célèbres de l'entourage de Notre-Dame de Thermidor, nous ignorons presque complètement les noms des élégantes de l'époque du Directoire. Toutes ces nymphes et merveilleuses sont anonymes, toutes ces beautés grecques et romaines passent voilées et l'histoire anecdotique reste aussi muette à leur égard que s'il s'agissait des pimpantes petites chercheuses d'amour des Prés Saint-Gervais. Ces « beautés fières et majestueuses » se nomment Calypso, Eucharis, Phryné; elles ont tout laissé voir à travers leurs robes ouvertes aux Apollons du jour sous les ifs chargés de lampions septicolores de Frascati; mais, de cette longue mascarade dans les jardins d'Armide républicains, peu de personnalités ressortent; l'eau de volupté qui brillantait leurs charmes d'éternelle jeunesse les a confondues dans une même vision idéale de charmeuses : du Directoire il ne semble rester qu'une fosse commune de courtisanes sans nom.

Quoi qu'il en soit, ces modes extravagantes qui, pour ainsi dire, « essuyèrent les plâtres » de la société nouvelle, ces modes folles, incohérentes, insaisissables que nous venons de décrire d'une plume cursive dans ce chapitre si décousu, ces modes de nos *Impossibles* peuvent être considérées comme les types fondamentaux et de transition qui influencèrent le costume civil de ce xixe siècle entier. A ce titre, elles mériteraient de trouver leur monographe. Nous voudrions voir écrire l'*Histoire des modes sous la Révolution et le Directoire.* — Pour avoir à peine effleuré le sujet, comme un hanneton éperdu dans cet immense vestiaire de gazes, nous n'en sommes pas moins assuré que ce serait là un sujet passionnant pour quelque érudit convaincu, amoureux du passé et passablement féministe pour aimer à secouer toutes ces légèretés encore si pénétrantes et si troublantes en raison des belles formes et de la vie qu'elles ont contenues.

Quelques moralistes ont prétendu que le vêtement des femmes a presque toujours subi les mêmes variations que leur vertu. Cela est possible, et l'étude serait à faire dans un amusant parallèle; mais on aura beau porter au tribunal de la Mode la cause des *merveilleuses* du Directoire, les sincères amis de l'art reconnaîtront encore que chez ces païennes la volupté l'emporta de beaucoup sur la décence, et que leur grâce extrême sut faire oublier la dignité absente.

NOS DÉESSES DE L'AN VIII

NOS DÉESSES DE L'AN VIII

E *Journal des Dames et des Modes* du 5 vendémiaire, An VIII, constate que l'année commence sous les plus heureux auspices pour les Parisiens.

« A Tivoli, — écrit Selléque, le directeur associé de La Mésangère pour ce précieux recueil, — un ballon doit enlever incessamment trois jeunes adolescentes : ce groupe aérien figurera les Grâces sur le char de l'Amour. Quel coup d'œil !!!

« D'un autre côté, un physicien plus intrépide se propose de s'élancer du haut d'une colonne de cent pieds d'élévation, au moyen d'une paire d'ailes, qui le porteront... Où le porteront-elles? L'affiche n'en dit rien, mais on présume qu'elles le porteront au moins jusqu'à terre.

« C'est à Rosenthal, qui fut à la fois Idalie et le jardin Marbeuf, au bout des Champs-Élysées, qu'un nouvel Icare doit tenter cette expérience hardie. Il n'annonce pas ce qu'il doit figurer. Ce sera sans doute le départ du Zéphyr; il servira de courrier aux Grâces et à l'Amour, et nous verrons tout cela. Quelle jouissance !!! »

C'est à des frivolités de cette nature que les Parisiens des premiers jours du xixᵉ siècle accordaient toute leur attention. Les journaux ne mentionnent qu'ascensions et descentes en parachutes. L'aérostation est le grand plaisir de la foule. Hommes volants et ballons passionnent et partagent l'esprit public. D'aucuns sont pour le *vol,* d'autres pour l'*enlèvement*. La citoyenne Labrosse, avec son parachute, rallie tous les suffrages.

L'esprit français va son train sur ces graves événements ; depuis qu'on vole à Rosenthal et à Tivoli, il n'est mots plaisants qu'on ne fasse sur le vol ; c'est à peine si l'on ne s'aborde point en se demandant réciproquement : *Comment volez-vous?* « On *vole* partout, minaudent les élégants ; il n'est plus que les lourdauds qui s'avisent de marcher soit à pied, soit à cheval, soit en cabriolet ; ceux-ci *volent* aux armées, ceux-là *volent* aux bals, aux spectacles, d'autres volent... au jeu, dans tous les tripots divers de la capitale. — On veut des ailes ; l'oiseau d'Idalie a mis en l'air tous les cerveaux.

Encore ne sommes-nous pas à vrai dire, et rigoureusement parlant, au début du siècle : janvier 1800 ne commençant que le II nivôse an VIII ; mais il convient de ne pas s'arrêter à cette très minime différence de mois.

Un arrêté du Bureau Central, qui ordonne de fermer les spectacles et les bals publics à dix heures du soir, émotionne également outre mesure les amis du plaisir ; c'est une révolution dans les habitudes qui devient une grosse question du jour. On se prépare à souper après le théâtre comme aux temps galants de la Régence ; les coquettes du monde, les déesses aux blanches tuniques disposent leurs boudoirs pour ces réunions nocturnes ; les petites *houris* songent également à attirer chez elles aux heures tardives les jeunes désœuvrés ; on organise partout des hospitalités vespérales, car nos Parisiennes aiment à veiller tard, à jouer à la bouillotte et au reversis. On ne sent point à cette aube encore indécise de notre siècle fécond une heure de repos, de réflexion, de gravité dans l'inconstance et la folle légèreté de ce peuple où tout débute, finit, recommence par des chansons.

On se porte cependant en foule à l'exposition des tapisseries des Gobelins, dans la grande cour du

Muséum d'histoire naturelle ainsi qu'au Salon des artistes vivants, où des chefs-d'œuvre de grands maîtres, presque tous consacrés aux sujets mythologiques, remplissaient la galerie principale. Les allégories, les amours des dieux, les aperçus d'Olympe, les portraits d'actrices en vogue, de la nouvelle école, séduisaient ce public musard et sensible aux belles choses. Ces Danaé, ces Mars, ces Vénus, influençaient même la mode ; c'est ainsi que la *Psyché* de Gérard fit abandonner le fard aux coquettes et rendit la pâleur intéressante.

Les théâtres sont très suivis ; par une étrange coïncidence, on y montre presque partout différentes classes de citoyens menant la vie de famille ; à Feydeau, on donne l'*Auteur dans son ménage ;* aux Jeunes Artistes, *le Peintre chez lui ;* à l'Ambigu-Comique, on vient de représenter avec succès l'*Acteur dans son ménage ;* enfin à l'Opéra-Comique, il est question de jouer sous peu de jours *Laure* ou l'*Actrice chez elle*[1]. A la suite du citoyen Gosse qui nous présentait le poète dans son intimité, tous ses confrères, en quête d'une vogue passagère, avaient aussitôt suivi le genre ; il est étonnant qu'on n'ait point vu paraître successivement sur la scène le fournisseur, le musicien et le journaliste au milieu de leur progéniture. *Les Précepteurs,* ouvrage posthume de

---

1. Cette pièce fut jouée en effet, en vendémiaire an VIII, par la citoyenne Saint-Aubin.

Fabre d'Églantine, obtient un grand succès au Théâtre-Français de la république.

La mode est toujours le grand chapitre favori des femmes ; on a beau crier contre elle, toujours elle triomphe des indifférents qui la négligent ou des envieux qui ne peuvent l'atteindre. « Telle femme (dit un écrivain anonyme de l'an VIII), qui se plaint de la tyrannie de la Mode, a fait passer la nuit à sa modiste parce qu'elle a vu la veille à *Frascati* dix chapeaux comme le sien. Jadis, ajoute-t-il, la mode avait une origine, un centre, des époques fixes ; aujourd'hui, elle naît je ne sais où ; elle est maintenue par je ne sais qui, et finit je ne sais comment... Qu'un extravagant se mette en tête de se faire remarquer, un marchand d'utiliser un coupon, une ouvrière de sortir de la foule : en habits, en chapeaux et en robes, voilà du neuf ; le lendemain trente furets auront dit : « Voilà la mode », le surlendemain, rien n'était plus délicieux et le troisième jour une folie nouvelle a fait oublier le chef-d'œuvre.

« *Zélis* vient d'épouser un fournisseur, continue le critique pour achever son portrait : on n'avait jamais fait attention à ses yeux, à sa tournure, à son esprit ; mais son voile, sa *diligence* et son dernier bal en ont fait décidément une *femme à la mode*. Elle est folle de peinture ; elle a fait décorer trois fois son boudoir ; elle aime la belle musique et possède une loge à l'Opéra-Comique ; quant aux sciences, elle n'a jamais manqué une ascension aérienne. D'ailleurs, *Zélis* a des gens qu'elle querelle, des protégés qu'elle met en vogue, des créanciers qu'elle ne paye point, un mari qu'elle fait attendre, des bijoux et des amants qu'elle change à volonté. »

Ce croquis à la La Bruyère est piquant et fort ressemblant ; les belles de l'an VIII ne courent plus après le sentiment et ne visent pas à l'esprit ; elles spéculent pour plaire ; on ne s'inquiète aucunement de leurs talents ou de leurs mœurs, mais tout uniquement de leurs bonnes grâces et de leur tournure ; ayant épuisé toutes les ressources de l'art, elles n'essayent plus que le pouvoir de la nature et elles montrent tout depuis qu'elles n'ont plus rien à cacher. Grâce aux nudités, remarquaient alors les observateurs de la femme, les formes ont acquis un si grand développement qu'il y a bien du malheur si par l'ensemble on ne sauve pas les critiques du détail ; celles qui n'ont pas de figure ont une si belle gorge ! celles qui n'ont pas de gorge ont de si beaux bras ! celles qui n'ont ni bras ni gorge ont de si belles hanches, un visage si parfait, une nuque si tentante ! tout est jeunesse en 1800... tout depuis *seize* jusqu'à soixante.

Le travestissement fit fureur un instant parmi ces déesses qui rêvaient les apparences troublantes des Androgynes ; la manie de porter culotte se généralisa dans le monde des excentriques. Quelques

admirateurs indulgents applaudirent à cette innovation qu'ils attribuèrent à la difficulté de trouver un
cavalier pour flâner par la ville; aussi vit-on souvent
deux dames faire leurs courses, l'une sous un costume de gentleman, redingote, pantalon et bottes;
l'autre en *Hébé*, mi-vêtue, heureuse de se pavaner
aux bals et spectacles au bras d'un petit roué, dont la
crânerie secouait son rire, à l'heure des *quiproquo*,
car le jeune cupidon femelle ne se faisait point faute
de courir de belle en belle, œilladant, pinçant, jasant
comme un vrai petit diable. Des censeurs sévères,
la face voilée, déclaraient devant ces polissonneries
que les audacieuses républicaines n'étaient point
seulement Grecques par l'habit, mais plus encore
par les mœurs et que Sapho souvent endossait le
frac pour plus aisément se mettre en quête de Les-
biennes « inédites » et de petits tendrons dignes
d'attirer l'attention des anandrynes.

A Frascati, on rencontrait fréquemment de ces
coquettes jouant au dieu Mars; c'étaient les derniers beaux jours de ce lieu de réunion; on y voyait
encore, selon l'expression d'alors, comme un fleuve
de beautés humaines couler à travers les galeries
d'antiquités grecques et romaines, se répandre sous
les portiques dans les demi-salons, dans les petits
appartements, puis serpenter et se replier dans les
contre-allées et se perdre dans les kiosques où l'œil
ne les suivait plus. La grande glace du fond du

jardin répétait à l'infini, dans un prisme merveilleux de couleurs, cette houle de têtes enturbanées et voilées, ces couples amoureusement enlacés qui se renouvelaient à chaque instant, tête contre tête, tandis qu'au loin attablées, les nymphes assoiffées se faisaient servir en plein air les crèmes variées, les *tutti frutti* et les glaces de toutes formes dont elles étaient alors si friandes.

Dans le jour, les promeneurs se rendaient au *Panorama* que l'on venait de créer et qui donnait une vue d'ensemble de Paris. Cette nouvelle rotonde sans fenêtre et d'aspect bizarre amusait toute cette population badaude et faisait événement; le théâtre des Troubadours avait joué une *bluette* à ce sujet et un vaudéville imprimé dans le *Propagateur* avait grand succès; on y chantait, sur l'air *Pour voir un peu comment qu'ça f'ra,* les couplets suivants :

> Paris pas plus grand que cela
> Jouit de succès légitimes.
> Un savant vous le montrera
> Pour *un franc cinquante centimes.*
> Or chacun donne et donnera
> Dans le Pano... (*bis*) Panorama.

> En toile grise on a bâti
> De gros murs de pierre de taille.
> Moi qui n'ai qu'*un mètre et demi,*
> Je suis plus haut que la muraille;
> Aussi je donne pour cela
> Dans le Pano... (*bis*) Panorama.

Et comme tout bon mari doit avoir son brocard dans une chanson parisienne bien comprise, l'auteur dudit vaudeville, un certain Levrier de Champ-Rion, n'avait eu garde de l'omettre. Le voici dans son innocente simplicité :

> Un mari disait hier soir :
> Ma femme, avec le beau Cléante,
> Demain matin doit aller voir
> Ce panorama que l'on vante.
> Le bon mari donne aussi là
> Dans le Pano... (*bis*) Panorama.

L'activité des hommes de plaisir se portait toujours vers le Palais-Royal; le Cirque y avait été consumé deux ans auparavant par un incendie, et, au lendemain du 18 Brumaire, il avait perdu son nom de Palais-Égalité. On y avait établi un jardin où deux grands carrés de verdure se trouvaient séparés par l'emplacement d'un bassin. Des dix bals établis sous les galeries, quelques-uns subsistaient encore. Le matin, le vice dormait en ces lieux et le jardin était honnêtement fréquenté; mais, à partir de midi, les faiseurs d'affaires y arrivaient en foule; c'est là que les agioteurs dégrossissaient les opérations de Bourse, conspiraient pour la hausse ou la baisse et s'entendaient, comme larrons en foire, pour assassiner le rentier. La nuit venue, la scène changeait; à peine les réverbères étaient-ils allumés que la foule grossissante roulait à flots bruyants autour des galeries; beaucoup de jeunes gens, une infinité de militaires, quelques vieux libertins, maints désœuvrés, un petit nombre d'observateurs, force filous, des filles à moitié nues; c'était le moment où tous les vices se donnaient rendez-vous, se coudoyant, se heurtant, s'entremettant, où, tandis que les filles faisaient de l'œil, les escrocs jouaient des mains. « Il existe, écrivait Sellèque, un traité d'alliance offensive et défensive entre les reclusières de Vénus et les voleurs à la tire, et c'est ordinairement à frais communs que la *coalition* fait la guerre aux mouchoirs, aux montres, aux bourses et aux portefeuilles. Rien que pour faire cette constatation, il faut s'attendre à payer tôt ou tard uu petit tribut; mais là comme ailleurs, on n'a rien sans risques. »

Dans ces galeries de débauche, les libraires mettaient en vente mille petits ouvrages obscènes que la police ne traquait guère; l'an VIII restera célèbre dans la mémoire des amateurs de confessions délicates et de galanteries dévoilées; les noms et adresses de toutes les filles de la capitale étaient vendus ouvertement sous forme de livrets avec le tarif de leurs caresses; les demi-castors venaient là dans une promiscuité inouïe; les maisons de jeu flambaient, et, parfois, on ramassait quelque malheureux en détresse qui venait de demander à son pistolet un viatique pour l'éternité.

'Les femmes, en général, vivaient dans un désœuvrement funeste qui les poussait à toutes les complaisances des sens; elles s'étaient amollies peu à peu dans une existence aisée et dégradante, sans morale, sans guides, sans dignité d'elles-mêmes; la Révolution les avait mises à la rue, ne pouvant leur donner les joies de l'intérieur, les salons d'esprit d'autrefois, le goût des sentiments nobles et élevés. Elles glissaient dans le plaisir sans défense, sans agrément, d'une façon animale, n'ayant aucune croyance, aucune foi, aucune notion sincère du bien et du vrai.

Sébastien Mercier, le farouche républicain, qui ne devait mourir qu'en 1814 et qui pouvait constater les hontes du nouveau régime, a écrit comme un post-scriptum curieux à son *Nouveau tableau de Paris* dans les curieuses pages suivantes sur les femmes de 1800[1].

« Jamais elles n'ont été mieux mises ni plus blanchement parées; le savon est devenu non moins indispensable que le pain. Elles sont toutes couvertes de ces schalls transparents qui voltigent sur leurs épaules et sur leurs seins découverts; de ces nuages de gaze qui voilent une moitié du visage pour augmenter la curiosité; de ces robes qui ne les empêchent pas d'être nues. Dans cet attrait de syl-

---

1. *Du costume et de l'oisiveté des femmes*, par S. Mercier. *Journal des dames et des modes*, 15 brumaire an VIII.

phe, elles courent le matin, à midi, le soir; on ne voit qu'ombres blanches dans les rues.

« ... Il faut que, pour elles, l'art éternise le prin-temps... Chaque aurore leur donne le signal ou le goût d'un plaisir nouveau, d'un spectacle extraordi-naire, d'un bal paré, ou d'une ascension aéronau-tique avec détonation. Là, toutes ces ombres blan-ches sont pressées; pléiades de beauté sans poudre et dont les cheveux coupés auraient passé, il y a vingt ans, pour une marque de diffamation. Elles passent devant vous comme les figures d'un tableau; elles ont l'air d'être sans mains, mais elles vous par-lent des yeux.

« Que penser de cette égalité de parures, de ces promenades journalières, de cette fréquentation assidue des spectacles? Elles occupent presque toutes les places, et on les retrouve encore la nuit à la clarté des illuminations. Le Pactole roule-t-il ses eaux au milieu de Paris? Qui paye tous ces plai-sirs? La capitale renferme-t-elle plus de million-naires qu'aucune autre ville du monde, et les femmes y sont-elles les seules de l'univers qui jouissent du privilège de se divertir sans cesse et de ne point travailler?

« Lire des romans, danser, ne rien faire, sont les trois règles de conduite qu'elles observent scru-puleusement... Il y a vingt ans, les jeunes filles n'auraient pas hasardé un seul pas hors de la maison paternelle sans leurs mères ; elles ne marchaient que sous leurs ailes, et les yeux religieusement baissés ; l'homme qu'elles osaient regarder était celui qu'on leur permettait d'espérer ou de choisir pour époux. La Révolution a changé cette subordination ; elles courent matin et soir en pleine liberté. Se promener, jouer, rire, *tirer les cartes,* se disputer les adorateurs, voilà leur unique occupation. Plus de ciseaux, plus de dés ; elles ne connaissent d'autres piqûres que celles que décoche l'arc du petit dieu ailé, et ces piqûres sont encore légères ; à peine sorties de l'enfance, elles sont plutôt guéries que blessées.

« ... Il n'y a point de promenade — écrit comme un trait final l'observateur parisien — où on ne voit des enfants de près de deux ans, mollement assis sur des genoux de dix-huit... Combien un ruban, un chapeau de fleurs, une robe à paillettes, deviennent des objets de puissante séduction, dans une ville où les bals sont en permanence, où les vierges de douze ans vont très souvent seules, où le violon des maîtres de danse est leur unique directeur ! La débauche est prise pour de l'amour, la débauche est érigée en système, et des unions précoces nous préparent une génération affaiblie. »

C'est certainement là un des meilleurs écrits de ce minutieux annotateur Sébastien Mercier, et il fixe mieux que beaucoup d'autres l'état des mœurs aux premiers jours du Consulat, alors que le libertinage créé par le Directoire était encore à son apogée.

La société française trouva un réorganisateur dans Bonaparte, qui sut discipliner la liberté, dont la population était repue, en fondant le droit civil, cent fois plus précieux pour la nation que le droit politique. La France revint à toutes ses traditions religieuses et intellectuelles ; elle se releva sous la certitude d'un lendemain.

Après le 18 Brumaire, l'empire spirituel des femmes reprit peu à peu sa souveraineté douce et consolante dans les sphères mondaines ; les salons revinrent en honneur, la conversation eut son tour : on causa. Depuis près de huit années la conversation était exilée de son pays d'origine. Ce retour aux usages, aux entretiens de la bonne compagnie eut lieu à la fois dans divers foyers, à la cour consulaire, dans le salon de Joséphine et surtout chez Mmes de Staël et Récamier. Tandis que Bonaparte reconstituait solidement l'édifice social, l'ex-Mme de Beauharnais attirait à ses fêtes toutes les forces vives de l'intelligence ainsi que les représentants autorisés de la France nouvelle ; elle accueillait autour d'elle les compagnons de gloire de son mari, ainsi que les artistes, les savants et les membres de l'Institut. Alors que le vainqueur de Lodi gouvernait, elle régnait par la grâce ou plutôt elle charmait par sa bonté conciliante, par ses manières un peu frivoles et ses coquetteries innées.

Le salon de Mme Bonaparte aux Tuileries ne fut guère ouvert qu'en ventôse an VIII ; les femmes qui le composèrent, à cette époque de consulat *préparatoire*, étaient, selon Mme d'Abrantès [1] : « Mme de La Rochefoucauld, petite bossue, bonne personne, quoique spirituelle, et parente de la maîtresse de céans ; Mme de La Valette, douce, bonne et toujours jolie ; Mme de Lameth, un peu sphérique et barbue ; Mme Delaplace, qui faisait tout géométriquement, jusqu'à ses révérences pour plaire à son mari ; Mme de Luçay ; Mme de Lauriston, toujours égale dans son accueil et généralement aimée ; Mme de Rémusat, femme supérieure (dont on vient de publier les très curieux *Mémoires*) ; Mme de Thalouet, qui se rappelait trop qu'elle avait été jolie et pas assez qu'elle ne l'était plus ; Mme d'Harville, impolie par système et polie par hasard. »

Telle était, d'après la malicieuse et bavarde épouse de Junot, la composition première de l'entourage de Joséphine ; mais bientôt d'autres femmes, jeunes, jolies, aimables, ne tardèrent pas à venir briller aux Tuileries. De ce nombre étaient : Mme Lannes, une beauté dans toute sa splen-

---

1. Mme d'Abrantès, *Histoire des salons de Paris*, t. V.

deur ; Mme Savary, plus jolie que belle, mais élégante jusqu'à l'extravagance ; Mme Mortier, future duchesse de Trévise, douce et touchante ; Mme Bessières, gaie, égale d'humeur, coquette et d'une réelle distinction ; Mlle de Beauharnais, dont chacun connaît les mérites et l'histoire ; Mme de Montesson, qui tenait salon avec munificence et dont les dîners du mercredi étaient alors excessivement recherchés pour leur service hors ligne ; enfin nombre de dames jeunes et spirituelles dont la nomenclature risquerait d'être interminable.

La société des Tuileries était trop officielle ; c'est à la Malmaison que l'on retrouvait l'intimité des petits cercles rieurs et les causeries délassantes. On y jouait la comédie, on y prenait ses plaisirs comme l'ancienne cour à Trianon ; après le dîner, le premier consul ne dédaignait pas de faire une partie de barres avec ses aides de camp ou de se faire banquier au jeu du vingt-et-un. La Malmaison, c'était le séjour favori de Joséphine ; elle aimait s'y promener avec ses compagnes au milieu des kiosques, des bergeries, des chaumières, autour des petits lacs où les cygnes noirs et blancs apportaient la vie. Dans cette simple maison, d'où le grand luxe était exclu, elle vivait selon son cœur, loin des tracas de cette cour naissante qui lui était imposée par l'ambition de son maître, ne se doutant pas encore qu'un jour prochain viendrait, où la raison d'État la conduirait dans cette paisible retraite, comme dans un exil, après un divorce éclatant et cruel.

Le salon de Mme de Staël, avant qu'elle quittât Paris par ordre de Bonaparte, qui favorisa si peu sa plus sincère admiratrice, était plutôt une sorte de *bureau d'esprit,* un véritable salon de conversation ; on en retrouvera bien des aspects dans le roman de *Delphine.* « Elle recevait beaucoup de monde, dit Mme de Rémusat[1] ; on traitait chez elle avec liberté toutes les questions politiques. Louis Bonaparte, fort jeune, la visitait quelquefois et prenait plaisir à la conversation ; son frère s'en inquiéta, lui défendit cette société et le fit surveiller. On y voyait des gens de lettres, des publicistes, des hommes de la Révolution, des grands seigneurs. Cette femme, disait le premier consul, apprend à penser à ceux qui ne s'en aviseraient point ou qui l'avaient oublié. »

Mme de Staël avait le goût des conversations animées et poussait ce goût jusque sur les discussions auxquelles elle ne prenait point part. « On l'amusait, écrit le duc de Broglie[2], en soutenant avec vivacité toutes sortes d'opinions singulières, et chacun s'en donnait le plaisir. On se battait à outrance dans sa société, il se portait d'énormes coups d'épée, mais personne n'en gardait le souvenir... Son salon était

―――

1. *Mémoires de Mme de Rémusat* (1802-1808), t. II. Paris, Lévy, 1880.
2. Préface de M. le duc de Broglie sur les *Mémoires de Mme de Staël (Dix années d'exil).*

cette salle d'Odin, dans le paradis des Scandinaves, où les guerriers tués se relèvent sur leurs pieds et recommencent à se battre. »

Cependant Mme de Staël ne conservait pas sous le Consulat la haute action politique qu'elle avait eue précédemment dans le *cercle constitutionnel* où régnait son ami Benjamin Constant ; ceux qui se rendaient à ses réunions étaient tenus pour suspects et les courtisans du futur empereur ne fréquentaient point par prudence le cénacle de l'auteur des *Lettres sur Rousseau*. Un remarquable dessin de Debucourt, de la collection Hennin à la Bibliothèque nationale, représente une *Conférence de Mme de Staël,* par une belle soirée d'été au jardin du Luxembourg ; hommes et femmes font cercle autour d'elle, et la conversation semble fort animée.

Le salon de Mme Récamier, rue du Mont-Blanc, puis à Clichy-la-Garenne, était plus spécialement littéraire que celui de *Delphine ;* ce fut un véritable terrain de conciliation pour tous les partis, car la politique n'y trouvait aucun écho ; la beauté éclatante de la maîtresse de céans la fit non moins célèbre que son esprit ne la rendit aimable. Les portraits que nous ont laissés d'elle Gérard et David nous font comprendre l'admiration qu'elle rencontra partout où sa fraîcheur d'Hébé et la grâce de son sourire de dix-huit ans se montrèrent. A cette époque où la société se composait de tant d'intérêts

contraires, de passions hostiles, de professions différentes et de prétentions exagérées, les réunions
semblaient pleines d'aspérités et les convenances
n'avaient pas encore suffisamment pris le dessus
pour qu'on n'eût pas à craindre à tout instant des
chocs, des froissements, des heurts de vanités mani-
festes. Le talent de Mme Récamier fut d'apporter
l'apaisement, la concorde, la bienveillance dans le
milieu où régnaient ses charmes. Dans son salon,
les nobles susceptibilités des gens de lettres furent
un moment aux prises avec l'arrogance du sabre;
mais la charmante hôtesse préféra constamment
l'homme de talent à l'homme en place et l'artiste
sincère au simple courtisan.

« Mme Récamier, raconte l'auteur des *Salons de
Paris* [1], est la première personne qui ait eu une maison ouverte où l'on reçût; elle voyait d'abord beaucoup de monde par l'état de son mari; ensuite, pour
elle, il y avait une autre manière de vivre, une autre
société que celle que nécessairement son goût ne
pouvait comprendre avec ces hommes qui savent et
connaissent la vie. Portée à la bonne compagnie par
sa nature, aimant ce qui est distingué, le cherchant
et voulant avoir un bonheur intérieur dans cette maison où le luxe n'était pas tout pour elle, et où son
cœur cherchait des amis, elle se forma une société et,

---

1. Mme d'Abrantès, *Histoire des salons de Paris,* t. VI.

malgré sa jeunesse, elle eut la gloire dès ce moment de servir de règle et de modèle aux autres femmes. »

On rencontrait chez elle Garat, avec le charme de son chant fêté et acclamé de toutes parts, M. Dupaty, Hoffmann, Benjamin Constant, M. Després et son malicieux badinage, Adrien et Mathieu de Montmorency, M. de Bouillé et souvent aussi M. de Chateaubriand, le grand ami, le demi-dieu des jours à venir, M. de Bonald, M. de Valence, M. Ouvrard, Lucien Bonaparte et tous les hommes de bon ton, de manières courtoises qui affectaient l'extrême quintessence du savoir-vivre. Les ambassadeurs, les généraux, les anciens révolutionnaires et les royalistes se voyaient là en bonne intelligence, semblant avoir abdiqué toutes leurs passions politiques. Mme de Staël manquait rarement aux fêtes intimes de sa jeune rivale chez laquelle elle se plaisait à reconnaître un esprit supérieur et comme un doux parfum de beauté, de modestie et de vertu parfaite. Parmi les dames de ce salon, on citait lady Holland, Mme de Krudner, Mlle de Sévrieux, Mme Junot, Mme Visconti, lady Yarmouth, et tout ce que Paris comptait de notabilités parmi la grande société française et étrangère.

Ce fut chez Mme Récamier que se donnèrent les premiers bals en règle dans une maison particulière après la Révolution. Ces fêtes étaient très suivies et la délicieuse Juliette savait varier sans cesse l'attraction de ses soirées; c'était tantôt un concert, tantôt une lecture littéraire, tantôt un spectacle entre deux paravents; non seulement on y était reçu avec une grâce et une simplicité touchante, mais encore on pouvait admirer cette délicieuse jeune femme, semblable aux heures d'Herculanum, dansant un pas avec tambour de basque ou scandant la *danse du schall,* qu'elle avait inventée et qui faisait valoir la splendeur de sa poitrine et de ses bras nus, la merveilleuse proportion de son corps enveloppé d'une tunique à la *prêtresse,* garnie de fleurs et de dentelles. Le vieux chevalier de Boufflers, qui venait d'être rayé par le premier consul de la liste des proscrits et qui revenait en France pour y reprendre esprit, disait de Mme Récamier : « Jamais on n'a vu mieux danser avec ses bras. »

Un autre salon moins brillant, mais qui eut son influence, était celui de Mme de Genlis, à l'Arsenal; cet inépuisable bas-bleu approchait alors de la soixantaine; Bonaparte, qui la jugeait inoffensive aussi bien par son talent que par ses opinions, la rappela d'exil, lui donna une pension assez considérable avec le logement à la bibliothèque de l'Arsenal et le droit de prendre dans cette bibliothèque tous les livres qu'elle jugerait nécessaires à son usage. Mme de Genlis prit un jour de réception : le samedi; chaque semaine, son salon fut de plus en plus fréquenté par le monde littéraire et artiste ; on compo-

sait et jouait des proverbes, on faisait de la musique;
parfois Millevoye, le mélancolique poète, disait de
sa voix lamentable et touchante, qui était si bien en
harmonie avec son visage de jeune désespéré, quelque
élégie sombre et frileuse dont la note attristée mettait des larmes aux cils des femmes; d'autres fois,
c'était Dussault qui lisait avec une certaine pédan-
terie ses principales causeries critiques du *Journal
des Débats*, ou quelques considérations sur *la Littérature dans ses rapports avec les institutions sociales;* le comte Elzéar de Sabran, frère de Mme de
Custine, récitait ses fables avec esprit; M. Fiévée
contait le canevas de la *Dot de Suzette*, et la nièce
de Mme de Montesson ne se faisait pas prier pour lire
des chapitres de ses romans en cours. Parmi les
auditeurs, tout un monde académique : MM. Chap-
tal, La Harpe, Fontanes, M. le comte de Ségur,
Radet, Sabattier de Castres, Choiseul-Gouffier, le
cardinal Maury et même M. de Talleyrand.

Dans le camp des femmes, on ne voyait que bas-
bleus du ton le plus tendre au plus foncé : MM^es de
Chastenay, « adaptatrice » de romans étrangers; la
comtesse Beaufort d'Hautpoul, amie des Muses,
Mme Kennen, nouvelliste; Mme de Vannoz, auteur du
poème de la *Conversation,* joli clair de lune du poète
Delille, et enfin Mme de Choiseul-Meuse, femme d'esprit aimable qui ne dédaignait pas d'écrire des
contes badins qui étaient comme un écho affaibli

des *Crébillonnades* du xviiiᵉ siècle. Au demeurant, un salon qui, bien qu'ouvert à deux battants, sentait terriblement le renfermé, distillait l'ennui, et où, selon le joli mot de Bonaparte, quand Mᵐᵉ de Genlis voulait définir la vertu, elle en parlait toujours comme d'une curieuse et bizarre découverte.

Un dernier salon littéraire en faveur à cette époque où l'esprit des belles-lettres et des arts revenait en France, était celui de Lucien Bonaparte dont Fontanes, Legouvé, Joseph Chénier et Népomucène Lemercier, Chateaubriand et Dorat-Cubières étaient les hôtes assidus. Les réceptions se multipliaient de jour en jour davantage ; sur la fin du Consulat, c'était à qui, dans le monde officiel et dans la haute finance, tiendrait plus brillante assemblée à Paris ; aussi Gallais, l'observateur des mœurs du jour, notait avec clairvoyance cette singulière manie des réceptions dans des petites pages philosophiques qui semblent écrites d'hier : « Ceux qui jouissent d'une grande fortune, écrivait-il, ont encore le petit défaut de recevoir de nombreuses sociétés. On veut avoir beaucoup de carrosses à sa porte, beaucoup de convives à sa table, la foule dans son salon ; on veut faire dire qu'on a *Tout Paris,* on veut que les passants émerveillés du grand nombre de fenêtres éclairées s'écrient : « Que cela « est beau ! qu'ils sont heureux là dedans ! » et pourtant on y bâille, on y périt de tristesse, et,

sans la petite vanité de pouvoir dire le lendemain :
« J'étais au bal du duc de W., au dîner de M. de R. »,
on restèrait volontiers chez soi. » [1]

Les deux plus grandes passions des Déesses de
l'an VIII furent la gloire et le plaisir ; assister aux
revues, aux parades, voir défiler dans les rues nos
troupes victorieuses qui marchaient sur les fleurs et
le soir courir au bal, aux soirées officielles, aux
théâtres, telle fut la vie de notre société parisienne
lorsque le Consulat fut solidement assis. Les trois
sœurs du premier Consul, Mmes Élisa Baciocchi,
Pauline Leclerc et Caroline Murat, rivalisaient de
luxe et étaient à la tête du mouvement mondain,
ainsi que Mmes Régnault de Saint-Jean-d'Angély,
Méchin, Visconti, Hainguerlot, après toutefois
Mme Bonaparte qui n'abdiquait pas le sceptre de la
haute mode et de l'élégance la plus décorative. Les
émigrés qui étaient rentrés en France eurent le
pouvoir de ressusciter les anciens bals de l'Opéra
qui depuis dix ans avaient disparu des divertissements publics. Le 24 février 1800, la salle de la rue
de Louvois fut ouverte à une foule travestie et mas-
quée, qui venait là assoiffée de bruit, de couleur,
d'intrigues. Les femmes de tous les mondes rêvè-
rent de longs jours sur la confection de leurs cos-

1. Gallais, *Mœurs et caractères du xixe siècle.*

NOS DÉESSES DE L'AN VIII

tumes et dominos pour ces bals de carnaval qui furent très brillants et pleins de fantaisie.

Les dominos noirs et de couleur étaient cependant en majorité ; les hommes portaient le frac et le masque. Bosio nous a laissé du bal de l'Opéra une estampe curieuse qui représente la salle en pleine animation. La grande affaire était d'intriguer sous l'incognito. « On raconte, dit le bibliophile Jacob, que Mme Récamier, si charmante et si séduisante à visage découvert, perdait sous le masque toute sa timidité, quoiqu'elle ne se fût jamais décidée à employer le tutoiement autorisé dans ces causeries aventureuses. Les hommes d'État, les plus grandes dames, les princes eux-mêmes, aimaient à se montrer au bal de l'Opéra. Dans un de ces bals, le prince de Wurtemberg reconnaît Mme Récamier qui refusait de se faire connaître ; il lui enleva une bague en se promenant et lui écrivit le lendemain : « C'est à la « plus belle, à la plus aimable, mais toujours à la « plus fière des femmes que j'adresse ces lignes, en « lui renvoyant une bague qu'elle a bien voulu me « confier au dernier bal. » Le bal de l'Opéra conserva jusqu'à la fin de l'Empire le ton et le caractère du plus grand monde[1]. »

Les quelques émigrés qui avaient pu ouvertement revenir de l'étranger avaient apporté une cer-

1. *Directoire, Consulat et Empire. Mœurs et usages*, par Paul Lacroix, bibliophile Jacob.

taine confusion dans les modes. Quelques-uns arbo-
raient la bourse à cheveux et les dentelles, d'autres
la perruque poudrée, quelques-uns la queue ; il y
eut antagonisme entre les perruquiers de l'ancien régime et les coiffeurs modernes. La coiffure de Bonaparte favorisa les Titus, mais la tenue des récalci-
trants faisait une véritable mascarade dans la rue.

Les femmes qui poussaient à l'ancien régime,
par caprice ou par coquetterie, étaient cependant
ennemies de la poudre, parce qu'elles tremblaient
que la réforme ne les atteignît, et qu'on ne finît par
les grands paniers, après avoir commencé par les
chignons et les crêpés. Elles voyaient juste, car
quelques douairières de la cour de Louis XV avaient
soutenu qu'on ne pouvait être jolie avec les modes
grecques et romaines, et que la corruption des
mœurs ne datait que du moment où on avait porté
les cheveux courts et des robes qui dessinaient les
formes [1].

Mme Bonaparte était à la tête de l'opposition ; il
lui appartenait de défendre la grâce et le bon goût ;
de plus, elle détestait la gêne et la représentation
trop officielle ; les vêtements empesés lui faisaient
peur. La toilette cependant était une partie de sa vie;
mais il lui fallait les costumes du jour, les robes décolletées à taille haute, les vêtements souples, la

---

1. *Histoire populaire de Napoléon et de la grande armée,* par
Marco de Saint-Hilaire.

coiffure romaine avec bandeau, bandelettes ou une
résille d'or lui enveloppant la tête. On ne conçoit
pas Joséphine en perruque poudrée, avec jupes à falbalas ; elle n'avait pas les grâces mièvres et délicates
des femmes du règne de Louis XVI ; sa nature puissante n'avait point besoin d'être étoffée ; une robe
de cachemire moulant son torse et laissant les bras
et la poitrine à nu, une tunique à la Cornélie, voilà ce
qu'il fallait à sa beauté exubérante. Les nombreuses
toilettes que lui fournissaient Leroy ou Mlle Despaux,
bien que d'une richesse extrême de garniture, étaient
toujours d'une coupe savante, voluptueuse et simple.

Les femmes les plus attentives à suivre la mode
portaient sous le Consulat une longue jupe de
perkale des Indes, d'une extrême finesse, ayant
une demi-queue et brodée tout autour, telles que
Mlles Lolive et Beuvry, les lingères à la mode,
avaient le génie de les exécuter ; les ornements du
bas étaient des guirlandes de pampres, de chêne, de
laurier, de jasmins, de capucines. Le corsage de
cette jupe était détaché ; il était taillé en manière de
Spencer, cela s'appelait un *Canezou*; le tour et le
bout des manches *Amadis* étaient brodés de festons ; le col avait pour garniture ordinaire du point
à l'aiguille ou de très belle malines... Sur la tête on
avait une toque de velours noir, avec deux plumes

blanches ; sur les épaules, un très beau schall de cachemire de couleur tranchante ; quelquefois on attachait à la toque noire un long voile de point d'Angleterre, rejeté sur le côté ; la toilette était de la sorte aussi élégante que possible. On voyait également des redingotes de mousseline de l'Inde doublées de marceline et brodées *en plein* d'un semis de fleurs ou d'étoiles ; toutes les femmes, au premier temps du Consulat, apparaissaient neigeuses dans une symphonie de blanc. Le règne des cheveux à la Titus passa peu à peu ; on se coiffa avec des *regrets* assortis, avec les mèches des cheveux abaissés sur le front ; la mode des turbans et des chapeaux de satin reprit faveur : presque tous étaient blancs. Voici, du reste, d'après La Mésangère, quelques indications de costumes précieuses à noter :

« Encore des voiles sur la tête, encore des demi-fichus de tulle avancés sur les joues ; des turbans ovales, des chapeaux de crêpe ou de florence très négligemment drapés, quelques capotes anglaises à fond rond et plat, ayant par devant un très large bord, qui, prenant la direction du fond, forme voûte et met le visage dans un enfoncement. Quelques Titus, force coiffures en cheveux longs, perpendiculairement relevés et fixés, ce que l'on nomme à la chinoise, sur le sommet de la tête. Pour le matin, des cornettes à peine nouées sous le menton ou des calottes de tulle brodé auxquelles s'adapte quelquefois une longue et large barbe qui fait tour et demi. Pour monter à cheval, des chapeaux de feutre à long poil, d'un gris roussâtre, dont le bord est relevé tantôt à droite, tantôt à gauche, quelquefois sur le devant, et qui ont pour ornement une ou deux plumes d'autruche frisées de la couleur du chapeau. » — Telles étaient, au début du siècle, les principales coiffures à la mode.

Parmi les bijoux, on citait, comme article d'un grand débit, les croix bordées de perles ou de diamants et les bracelets formés d'un ruban d'or tricoté. Les peignes à l'antique exerçaient toujours l'industrie des joailliers; on renchérissait chaque jour sur l'élégance et sur la pureté d'exécution des dessins du cintre où les diamants, les pierres fines et les camées trouvaient place. Les douillettes commençaient à se répandre; on les portait longues, rasant la terre, avec grandes manches retroussées sur le poignet et collet en rotonde. La couleur était bronze florentin, ramoneur foncé, gros bleu ou puce. Les spencers, généralement en florence noir, avaient de très petits revers et le collet en rotonde. Après les schalls longs de cachemire et les schalls carrés de drap fin, brodés en or, ceux qui étaient le plus en vogue étaient les schalls de six quarts, en perkale teinte en rouge cramoisi, en brun terre d'Égypte ou en gros bleu, ayant pour bordure une broderie au crochet, de soie de couleur. Des différentes manufactures des environs de Paris sortaient des schalls teints, à grands ramages, que l'on nommait schalls turcs parce que leurs dessins affectaient une allure orientale. Pour les demi-parures, quelques élégantes faisaient broder en blanc des demi-fichus de tulle ponceau, amarante ou gros vert.

Comme bijoux, la topaze fut très recherchée pour les boucles d'oreilles en poires; celles en brillants ne se portaient plus en cerceaux, mais en pendeloques. On employait beaucoup de camées coquilles pour les plaques de collier qu'on entourait de perles fines. Les bracelets étaient faits pour la plupart de tresses d'or plates et de la largeur d'un ruban. Jamais on n'en porta autant. La même personne en montrait parfois quatre ou cinq à la fois, qui étaient placés dans le haut de chaque bras et aux poignets pour serrer les manches larges dont la mode existait alors. —Les éventails étaient de crêpe noir, blanc ou brun, brodés de paillettes d'or, d'argent ou d'acier. Les dessins formaient des arabesques, des saules pleureurs, des cascades et des gerbes; ces éventails étaient relativement petits, cinq ou six pouces de longueur. Les montres de cou, avec cadrans à recouvrement de fleurs, se portaient plus que jamais parmi les élégantes. Les gants étaient très hauts, couvrant le bras entièrement et sans boutons, soit blancs, soit paille, soit d'un ton vert passé exquis. Jamais les femmes ne portèrent mieux le gant plissé qui s'harmonisait si délicieusement avec les costumes du temps.

Le langage, la table, les meubles, tout était devenu la proie de la mode; la variété dans le luxe était portée à un tel point qu'une femme mise à *la romaine* se croyait tenue de recevoir dans un appartement *romain* et cette même femme, par esprit de genre, devait faire chaque jour non seulement sa toilette, mais celle de son appartement. Se mettait-elle en grecque? vite, les meubles grecs; — prenait-elle le turban et la tunique turcs? aussitôt les sophas et les tapis de Turquie déployaient leur coloris éclatant; — se vêtait-elle en Égyptienne? il fallait sortir momies, sphinx, pendule en monolithe, et disposer à l'instant en tente arabe sa chambre de réception. Le meuble favori était le lit qui était ordinairement de citronnier ou d'acajou, forme bateau, avec ornements en or pur finement ciselé; les cachemires et les mousselines des Indes, bordés de dentelles, étaient employés pour rideaux; les coussins se recouvraient de point anglais; les couvertures, de satin brodé. On se ruinait pour un lit de parade.

Dans les réceptions, tous les appartements étaient grands ouverts et éclairés, et, tandis que la maîtresse du logis s'occupait très gracieusement des soins de son salon, les invités se promenaient partout, admirant les canapés antiques, la chambre grecque, le lit romain et le boudoir chinois.

'« Les révolutionnaires enrichis commençaient à s'emménager dans les grands hôtels vendus du faubourg Saint-Germain, raconte, à la date de son arrivée à Paris, Chateaubriand dans ses *Mémoires d'outre-tombe*. En train de devenir barons et comtes, les Jacobins ne parlaient que des horreurs de 1793, de la nécessité de châtier les prolétaires et de réprimer les excès de la populace. Bonaparte, plaçant les Brutus et les Scævola à sa police, se préparait à les barioler de rubans et à les salir de titres... Entre tout cela poussait une génération vigoureuse, semée dans le sang et s'élevant pour ne plus répandre que celui de l'étranger ; de jour en jour s'accomplissait la métamorphose des républicains en impérialistes, et de la tyrannie de tous dans le despotisme d'un seul. »

Passons donc à l'Empire, pour juger, en dehors de tous événements historiques et mieux que dans cette époque de transition, des fantaisies de la mode et des grandes coquettes à travers les pompes de la glorieuse épopée impériale.

LES GRANDES COQUETTES

DU

PREMIER EMPIRE

LES GRANDES COQUETTES

DU

PREMIER EMPIRE

N arrivant à la souveraine puissance impériale, Napoléon, ainsi qu'il en convenait plus tard à Sainte-Hélène, avait trouvé *terre rase et maison nette*, et il dut alors composer une Cour selon ses propres idées. Il rechercha, racontait-il par la suite, un milieu raisonnable, voulant accorder la dignité du trône avec nos mœurs nouvelles, et surtout faire servir cette création à l'amélioration des manières des grands et à l'industrie du peuple. Il n'était certes pas aisé de relever un trône sur le terrain même où l'on avait juridiquement exécuté le monarque

régnant, et où chaque année l'on avait juré consti-
tutionnellement la haine des rois.

« Il fallait rétablir les dignités, les titres, les
décorations, au milieu d'un peuple qui combattait
et triomphait depuis plus de quinze ans pour les
proscrire. Cependant Napoléon, qui avait l'art et le
pouvoir de vouloir juste et à propos, enleva de
haute lutte ces difficultés. On le fit Empereur, il
créa des grands et se composa une cour ; bientôt la
victoire sembla prendre le soin elle-même d'affer-
mir et d'illustrer subitement ce nouvel ordre de
choses. Toute l'Europe le reconnut, et il fut même
un moment où l'on eût dit que toutes les Cours du
continent étaient accourues à Paris pour composer
celle des Tuileries, qui devint la plus brillante et
la plus nombreuse que l'on eut jamais vue. Elle
eut des cercles, des ballets, des spectacles ; on y
étala une magnificence et une grandeur extraordinaires. La seule personne du souverain conserva
toujours une extrême simplicité, qui servait même
à le faire reconnaître. C'est que ce Luxe, ce faste
qu'il encourageait autour de lui, était, disait-il,
dans ses combinaisons, non dans ses goûts ; ces
splendeurs étaient calculées pour exciter et payer
nos manufactures et notre industrie nationales. Les
cérémonies et les fêtes du mariage de l'Impératrice,
ainsi que celles du baptême du roi de Rome, ont
laissé bien loin derrière tout ce qui les a devancées

et ne se renouvelleront peut-être jamais. L'Empereur prit à tâche de rétablir au dehors tout ce qui pouvait le mettre en harmonie avec les autres Cours de l'Europe ; mais, au dedans, il eut le soin constant d'ajuster les formes anciennes avec nos nouvelles mœurs.

La maison de l'Impératrice Joséphine se composait d'un premier chambellan, d'un chambellan introducteur des ambassadeurs, de deux chambellans ordinaires, de deux écuyers cavalcadours et d'un secrétaire des commandements. Le conseil se composait de la dame d'honneur, de la dame d'atours, du premier chambellan, du premier écuyer ; l'intendant général de la maison impériale assistait au conseil.

Les femmes qui composaient la maison de l'Impératrice étaient les suivantes : Dame d'honneur, Mme de La Rochefoucauld ; Dame d'atours, Mme de La Valette ; Dames du Palais, Mmes de Rémusat, Duchâtel, la duchesse de Bassano, d'Arberg, de Mortemart, de Montmorency, de Marescot, de Bouillé, Octave de Ségur, de Chevreuse, Philippe de Ségur, de Luçay, la maréchale Ney, la maréchale Lannes, la duchesse de Rovigo, de Montalivet, de Lauriston, de Vaux, Mlle d'Arberg, depuis comtesse Klein, Mmes de Colbert, de Serant et enfin Mme Gazani, lectrice.

La Dame d'atours avait sous ses ordres une première femme des atours, Mme Aubert, qui avait pour charge de s'occuper des soins et entretiens de toute la garde-robe. L'Impératrice avait en outre des huissiers et des dames d'annonce, des valets de pieds d'antichambre, et deux pages pour porter la queue de sa robe quand elle sortait de ses appartements ou montait en carrosse. Mme d'Abrantès, qui était elle-même attachée à la maison de Madame Mère et qui devint par la suite l'aimable gouvernante de Paris, a tenu à laisser quelques notes sur ces Dames du Palais.

« Notre parti, dit-elle, était alors radieux d'un genre de gloire que les femmes recherchent bien autant que les hommes poursuivent la leur, c'étaient l'élégance et la beauté. Parmi les jeunes femmes qui composaient la cour de l'Impératrice et celle des princesses, il était difficile de citer une femme laide, et combien y en avait-il dont la beauté faisait, sans hyperbole, l'ornement le plus réel des fêtes que Paris voyait donner chaque jour dans ce temps de féerie ! »

Après avoir parlé de la belle maréchale Ney, nièce de Mme Campan et de l'éclatante maréchale Lannes, la femme de Junot essaye de décrire les charmes de Mme Duchâtel, dont le petit-fils était récemment ambassadeur de la République à Vienne. « Il est, dit-elle, une femme de la Cour impériale, qui parut dans le monde un peu avant l'époque du couronnement, et dont le portrait est une chose que réclament des mémoires contemporains, surtout écrits par une femme : c'est Mme Duchâtel... Elle ne fournirait pas un modèle à un statuaire parce que ses traits n'ont rien de cette régularité qu'exige l'art du sculpteur. Le charme inexprimable de sa figure, charme que la parole même ne peut rendre qu'imparfaitement, consiste dans les plus beaux yeux. bleu foncé, à longues et soyeuses paupières, et dans un sourire gracieux, fin, spirituel, découvrant les plus belles dents d'ivoire, et puis avec tout cela de beaux cheveux blonds, une petite main, un petit pied, une élégance générale que justifiait ensuite un esprit tout à fait remarquable. De tout cela résultait un ensemble qui attirait d'abord et puis qui attachait. »

Mme Savary avait le visage, la taille et la tournure parfaitement beaux et se mettait à ravir ; quant à Mme Marescot, elle joignait aux avantages de la beauté de tenir d'elle-même un goût parfait et une grande élégance.

Les maisons de Madame Lætitia et des Princesses étaient également formées, avec soin, de Dames d'honneur, de dames pour accompagner, de lectrices, de gouvernantes, de sous-gouvernantes, d'aumôniers et de chambellans, la plupart d'une vieille noblesse du faubourg Saint-Germain, d'après ce fameux *système de fusion* dont Napoléon parla plus tard à Sainte-Hélène comme lui ayant été si funeste dans la suite.

Le cercle de l'Impératrice, aux premiers jours de l'Empire, était gai et sans trop d'apparat ; on n'y voyait pas encore de ces intrigues de Palais qui en firent par la suite un endroit si périlleux pour les courtisans. A cette époque on recevait une ou deux fois par semaine quelques hommes de guerre, de sciences et de lettres à souper aux Tuileries. — « On s'y rendait à huit heures, raconte Mme de Rémusat, si précise sur tous les détails intimes des Tuileries ; on arborait une toilette recherchée, mais sans habit de Cour ; on jouait dans le salon du rez-de-chaussée qui fut plus tard celui de Madame. Quand Bonaparte arrivait, on passait dans une salle où des chanteurs italiens donnaient un concert qui durait une demi-heure ; ensuite on rentrait dans le salon et on reprenait les parties ; l'Empereur allant et venant, causant ou jouant selon sa fantaisie. A onze heures, on servait un grand et élégant souper : les femmes seules s'y asseyaient. Le fauteuil de Bonaparte demeurait vide ; il tournait autour de la table, ne mangeait rien, et, le souper fini, il se retirait. A ces petites soirées étaient toujours invités les Princes et les Princesses, les grands officiers de l'Empire, deux ou trois ministres et quelques maré-

chaux, des généraux, des sénateurs et des con-
seillers d'État avec leurs femmes. Il y avait là
de grands assauts de toilettes ; l'Impératrice y paraissait toujours, ainsi que ses belles-sœurs, avec
une parure nouvelle et beaucoup de perles et de
pierreries. Elle a eu dans son écrin pour un million
de perles. On commençait à porter beaucoup d'é-
toffes lamées en or et en argent, et la mode des turbans s'établissait à la Cour ; on les faisait avec de la
mousseline blanche ou de couleur, semée d'or, ou
bien avec des étoffes turques très brillantes ; les
vêtements peu à peu prenaient une forme orientale.
Les dames de la Cour mettaient, sur des robes de
mousseline richement brodées, de petites robes
courtes, ouvertes sur le devant, en étoffe de couleur,
les bras, les épaules, la poitrine découverts. »

Pour l'étiquette ordinaire des Cercles, il n'y
avait aux Tuileries que les femmes présentées, en
grande toilette, avec le manteau de Cour en velours
ou en soie, brodé d'or, d'argent, et quelquefois enrichi de perles et de pierreries. Les hommes venaient
en uniforme ou dans le costume de leur place, et quelquefois, ce que l'Empereur préférait, en habits de
fantaisie de velours, soie ou satin, relevés de riches
broderies, et l'épée au côté. Dans ces réunions ultra-
officielles, on parlait peu ; mais on observait beaucoup, tout oreilles et tout yeux ; on se classait par
petites sociétés, la vieille noblesse faisant dédain des

parvenus de l'Empire. Aussi une sourde excitation régnait dans ces salons, le dépit s'en mêlait et les pointes, les sous-entendus, les agaceries allaient leur train ; parfois, plusieurs familles prenaient feu parce qu'une petite comtesse du nouveau régime avait adroitement attiré dans son camp l'amant d'une marquise de l'ancienne Cour.

Il était d'usage qu'à ces réunions l'Impératrice se plaçât à une table de whist avec les trois seigneurs les plus titrés et qualifiés de l'assemblée, on faisait cercle autour de la table ; l'Empereur jouait rarement ; il allait d'un salon à l'autre, parlant brièvement à chacun et s'arrêtant de préférence au milieu des femmes, avec lesquelles il aimait à plaisanter avec plus de bonhomie que de malicieuse galanterie. Napoléon aimait la femme plus et mieux qu'on a voulu le dire, mais il sentait le danger de s'abandonner à elle ; il craignait son influence et ses perfidies, et il avait toujours présent à l'esprit l'apologue de Samson et de Dalila. Il arrivait à elle en conquérant et dédaigneux des siéges en règle; il lui fallait lire dans deux beaux yeux que la place se rendait, et que là comme ailleurs la victoire lui était assurée. Au fond, comme la plupart des hommes de guerre, ce fut un piètre amoureux, plus despote que tendre, parfois brutal, souvent cynique, ayant comme un vernis de morale bourgeoise qu'il laissait voir à tout propos. Joséphine fut la seule femme qui, par ses

abandons, sa douceur de créole, son manque de ré-
sistance et ses larmes, ait su le captiver quelque
temps ; encore dut-elle subir toutes les fantaisies de
ce maître inflexible qui poussait la cruauté jusqu'à at-
tiser sa jalousie par le récit détaillé de ses caprices.

Mᵐᵉ Aurillon, dans ses *Mémoires,* nous dit en effet :
« Comme l'Empereur satisfaisait ses petites passions
sans que le sentiment y entrât pour quelque chose,
il sacrifiait sans difficulté à sa femme les objets de
sa jalousie ; il faisait plus, et en cela je ne pouvais
m'empêcher de le désapprouver fort ; lorsque l'Impératrice en parlait, il lui en disait plus qu'elle ne
demandait à en savoir, lui citait même des imperfec-
tions cachées et lui nommait, à propos d'un autre
aveu, telle ou telle dame de la Cour, dont il n'était
nullement question et qui n'avait rien à lui refuser. »

Napoléon était, il faut bien le dire, intrigué de
toute part, aussi bien par des billets doux que par
des démarches personnelles. Son génie, ses exploits
incroyables, le prodigieux de sa fortune étaient bien
faits pour bouleverser l'imagination de toutes les
femmes et jeunes filles de l'Univers ; bien plus, son
visage (l'admirable portrait du baron Gros en est le
témoignage) avait une beauté particulière inoubliable, un charme à nul autre pareil, comme une
attirance puissante que devaient sentir toutes les
créatures de sa Cour ; aussi comprend-on qu'arrivé
à l'Empire il ait fait tourner la tête de toutes les

grandes coquettes de la capitale. Constant, son valet de chambre qui, lui aussi, a laissé des *Mémoires*, se défend d'avoir jamais ouvert la porte aux innombrables solliciteuses d'amour qui venaient l'assiéger chaque jour : « Je n'ai jamais voulu, dit-il, à ce propos, me mêler d'affaires de cette nature ; je n'étais pas assez grand seigneur pour trouver un tel emploi honorable. Ce n'est pourtant point faute d'avoir été indirectement sondé, ou même ouvertement sollicité par certaines dames qui ambitionnaient le titre de favorites, quoique ce titre ne donnât que fort peu de droits et de privilèges auprès de l'Empereur... Quoique Sa Majesté prît plaisir à ressusciter les usages de l'ancienne cour, les secrètes attributions du premier valet de chambre ne furent pas rétablies, et je me gardai bien de les réclamer ; assez d'autres étaient moins scrupuleux que moi. »

Parmi ses proches, hommes et femmes, Bonaparte trouva en effet plus de complaisance, et l'histoire anecdotique nous révèle mille et une aventures curieuses où de grands généraux et des parentes très proches de l'Empereur ne refusèrent pas de s'entremettre pour complaire aux fantaisies d'un moment du vainqueur de l'Autriche. Mais il ne rentre pas dans notre programme de parler ici de ces frivoles amours ; ces croquis de mode doivent s'arrêter à l'alcôve des monarques et même ne mettre en scène que ces personnages vagues qui sont de tous temps

comme le porte-manteau des costumes et des idées.
Aussi laisserons-nous Napoléon à ses gloires et à
ses historiens, pour ne jeter qu'un rapide coup
d'œil sur les coquetteries de son temps, ainsi que
sur les fastes du Paris de 1806 à 1809.

L'Impératrice Joséphine avait six cent mille
francs pour sa dépense personnelle, plus environ
cent trente mille francs pour sa cassette et ses au-
mônes. On pourrait croire que cette somme était
plus que suffisante pour faire face aux toilettes ordinaires et extraordinaires de sa gracieuse Majesté;
mais Joséphine était si prodigue, si généreuse, si
étourdie, si folle en ses caprices qu'elle se voyait
continuellement endettée et obligée d'avoir recours à
la bourse de l'Empereur.

Dans son intérieur, aux Tuileries, c'était le
désordre même; ses appartements étaient sans cesse
assiégés de parents et de petits-arrière-cousins pauvres, de marchandes à la toilette, de bijoutiers, d'or-
fèvres, de tireuses de cartes, de peintres et de minia-
turistes qui venaient faire ces innombrables portraits
sur toile ou sur ivoire qu'elle distribuait si aisément
à tous ses amis, même aux négociants de passage
et à ses filles de chambre. Elle ne pouvait se sou-
mettre à aucun décorum ni à aucune étiquette dans
cette vie privée où son indolence était à l'aise au

milieu du fouillis des étoffes, des tapis bouleversés, des ballots entr'ouverts. Elle avait fait de ses petits salons un temple à la toilette où tous les marchands étrangers et les vieilles brocanteuses de bijoux et de soieries avaient un facile accès. Bonaparte avait interdit l'entrée du Palais à toute cette horde mercantile, dépenaillée et sordide; il avait fait formellement promettre à sa femme de ne plus recevoir à l'avenir ces échappés des Ghetto parisiens; Joséphine jurait de ne le plus faire, pleurait un peu; mais le lendemain elle trouvait encore moyen de faire monter à elle ces bazars ambulants et de vivre à sa guise dans la poussière des paquets défaits, curieuse d'inventorier les soieries orientales, les broderies persanes, les fichus et les pierreries d'occasion, charmée par le chatoiement des couleurs, par la finesse des tissus, par l'imprévu des déballages.

« On lui apportait sans cesse, dit Mme de Rémusat, des bijoux, des schalls, des étoffes, des colifichets de toute espèce; elle achetait tout, sans jamais demander le prix, et, la plupart du temps, oubliait ce qu'elle avait acheté. Dès le début, elle signifia à sa dame d'honneur et à sa dame d'atours qu'elles n'eussent pas à se mêler de sa garde-robe. Tout se passait entre elle et ses femmes de chambre, qui étaient au nombre de sept ou huit. — Elle se levait à neuf heures; sa toilette était fort longue; il y en avait une partie fort secrète et tout employée à nombre de recherches pour entretenir et même farder sa personne. Quand tout cela était fini, elle se faisait coiffer, enveloppée dans un long peignoir très élégant et garni de dentelles. Ses chemises, ses jupons étaient brodés et aussi garnis. Elle changeait de chemise et de tout linge trois fois par jour et ne portait que des bas neufs. Tandis qu'elle se coiffait, si les Dames du Palais se présentaient à sa porte, elle les faisait entrer. Quand elle était peignée, on lui apportait de grandes corbeilles qui contenaient plusieurs robes différentes, plusieurs chapeaux et plusieurs schalls ; c'étaient en été des robes de mousseline ou de perkale très brodées et très ornées ; en hiver, des redingotes d'étoffe ou de velours. Elle choisissait la parure du jour, et, le matin, elle se coiffait toujours avec un chapeau garni de fleurs et de plumes et des vêtements qui la couvraient beaucoup. Le nombre de ses schalls allait de trois à quatre cents ; elle en faisait des robes, des couvertures pour son lit, des coussins pour son chien. Elle en avait constamment un toute la matinée qu'elle drapait sur ses épaules, avec une grâce que je n'ai vue qu'à elle. Bonaparte, qui trouvait que les schalls la couvraient trop, les arrachait et quelquefois les jetait au feu ; alors elle en redemandait un autre. Elle achetait tous ceux qu'on lui apportait, de quelque prix qu'ils fussent ; je lui en ai vu de huit, dix et douze mille francs. Au reste, c'était un des grands luxes de cette Cour : on dédaignait d'y porter ceux qui n'auraient coûté que cinquante louis, et on se vantait du prix qu'on avait mis à ceux qu'on s'y montrait. »

La fureur des schalls de cachemire, de Perse et du Levant, ainsi que tout le goût oriental qui dominait alors dans le monde des grandes coquettes, provenaient de l'expédition d'Égypte et des étoffes que nos vaisseaux avaient rapportées du Caire et d'autres lieux. Joséphine qui avait déjà, à son retour d'Italie, mis en vogue les modes antiques dans les parures et principalement pour les bandeaux en camées, les bracelets et les pendeloques d'oreille devait être aussi la première à faire circuler les broderies orientales, les turbans tissés d'or et toutes les soieries des Indes. D'humeur oisive et paresseuse, n'ayant aucun goût pour la littérature, ne lisant jamais, écrivant le moins possible, peu faite pour les travaux intellectuels, sa nature passive s'était entièrement donnée aux jouissances de la toilette et à l'ornementation de ses jardins et appartements. Elle fuyait le théâtre et n'y allait guère qu'en compagnie de l'Empereur; mais, sans sortir de son cercle, elle avait l'art de gaspiller l'or à pleines mains, au point d'en irriter Bonaparte qui cependant calculait peu et ne refusait rien à sa femme. La journée se passait en toilettes diverses; le soir, elle apportait plus de recherche et d'élégance encore dans la disposition de ses robes ; généralement Joséphine se coiffait simplement, à la manière antique, entremêlant dans ses beaux cheveux noirs, relevés sur le haut de la tête, des guirlandes de fleurs, des résilles de perles ou des bandelettes constellées de pierres précieuses. Le plus souvent elle portait ces robes blanches dont Napoléon raffolait et qui étaient faites d'un tissu de mousseline de l'Inde si fin et si clair qu'on eût dit une robe de brouillard ; ce tissu oriental ne coûtait pas moins de cent à cinquante francs l'aune. Au bas de la jupe se trouvaient des bordures d'or brodé et de perles, et le corsage, drapé à gros plis, laissait les bras nus et était arrêté sur les épaules par des camées, des boucles de diamants ou des têtes de lion d'or formant agrafes.

L'impératrice avait, comme la plupart des grandes élégantes de l'Empire, la curieuse préoccupation d'assortir toutes ses toilettes à la couleur du mobilier qui devait lui servir de décor et de repoussoir ; une robe d'un bleu mourant convenait aux salons de brocatelle jaune et une robe de Cour en velours vert myrte s'encadrait seulement dans des tentures de damas de soie ponceau. C'était là un grand souci pour toutes les dames aimant à paraître dans le triomphe de leurs atours, et dit-on, lorsque la princesse Borghèse, ci-devant Mme Leclerc, fut reçue à Saint-Cloud, au lendemain de son mariage, elle faillit mourir de dépit en étalant sur le bleu profond des divans une somptueuse tunique de brocart vert entièrement brodée de brillants.

Mme de Rémusat, à qui il faut bien revenir pour tous les petits bavardages de toilette et les commérages du Palais, ne cache rien des prodigalités de Joséphine. « La moindre petite assemblée, le moindre bal lui étaient une occasion, dit-elle, de commander une parure nouvelle, en dépit des nombreux magasins de chiffons dont on gardait les provisions dans tous les palais, car elle avait la manie de ne se défaire de rien. Il serait impossible de dire quelles sommes elle a consommées en vêtements de toute espèce. Chez tous les marchands de Paris on voyait toujours quelque chose qui se faisait pour elle. Je lui ai vu, poursuit sa Dame du Palais, plusieurs robes de dentelle de quarante, cinquante et même cent mille francs. Il est presque incroyable que ce goût de parure si complètement satisfait ne se soit jamais blasé. Après le divorce, à la Malmaison, elle a conservé le même luxe, et elle se parait même quand elle ne devait recevoir personne... Le jour de sa mort, elle voulut qu'on lui passât une robe de chambre fort élégante, parce qu'elle pensait que l'Empereur de Russie viendrait peut-être la voir. » Elle a donc expiré toute couverte de rubans et de satin couleur de rose.

On conçoit ce que cette passion de l'impératrice pour le luxe et la dépense devait causer d'émulation à la Cour et ce qu'il fallait chaque jour inventer, combiner, faire exécuter pour paraître honorablement autour d'elle, sans risque de faire tache ou d'indisposer Sa Majesté. La reine Hortense, la jeune épouse de Louis Bonaparte, déployait une grande richesse dans sa mise selon le ton de la Cour; mais elle apportait dans son luxe beaucoup de discrétion, d'ordre et d'économie. Tel n'était pas l'esprit de Caroline Murat et de la princesse Pauline Borghèse qui étaient prises de la fureur d'éclipser leur belle-sœur et qui mettaient toute leur vanité, tout leur plaisir dans la parure et l'ostentation. Furieuses d'être placées... elles, des Bonaparte, au-dessous d'une Beauharnais dans la hiérarchie de l'Empire, elles ne savaient que trouver pour accentuer leur rivalité avec Joséphine et la piquer au jeu sous des allures cordiales et affectueuses. Elles ne parais-saient jamais aux Tuileries que dans des habits de cérémonie qui coûtaient pour le moins quinze à vingt mille francs et qu'elles avaient parfois la fan-taisie de surcharger, au milieu de mille torsades de broderie, de tous les joyaux de leurs cassettes.

Parmi les grandes coquettes de la cour, Mmes Sa-vary, plus tard duchesse de Rovigo, et Maret, future duchesse de Bassano, ainsi que Mme de Canisy, étaient mises au premier rang après les princesses; on comptait qu'elles dépensaient annuellement plus de vingt mille écus pour leurs toilettes, ce qui était,

relativement à la valeur de l'argent au commencement de ce siècle, une somme considérée comme
excessive. Dans le fameux quadrille exécuté par la
suite : *Les Péruviens allant au Temple du Soleil,* on
calcula que le nombre de diamants porté par les
dames de l'Empire se chiffrait par une somme de
vingt millions de francs ; on ne manqua pas de crier
à l'impossible, à la féerie, comme si Aladin en personne fût venu aux Tuileries. — A la fin de ce siècle,
nous serions plus croyants et déjà moins éblouis.

De la Cour passons à la ville et regardons les
modes parisiennes au milieu des plaisirs publics.

Le 1ᵉʳ janvier 1806 mit un terme au calendrier républicain qui avait été appliqué durant treize
ans et un peu plus de trois mois ; l'an XIV fut inter-
rompu brusquement au début de nivôse, et l'on revint au calendrier grégorien dans les actes publics
et privés, dans les correspondances, journaux et
toutes les feuilles imprimées sans qu'il y eut de dis-
sidences. Les dernières traces de la République dis-
paraissaient ainsi. La France était tout à son idole,
au triomphateur. Partout on célébrait son retour
dans un débordement d'enthousiasme. De la rue
montaient des cris de gloire : Victoire ! victoire ! vive
la Grande Armée ! vive l'Empereur ! — A l'Opéra,
dans les principaux théâtres de Paris, on chantait

LES COQUETTES DU PREMIER EMPIRE

des chœurs à Napoléon le Grand, les soldats qu'on rencontrait étaient traités en héros. Esmenard, le barde impérial, convoquait les muses à fêter le guerrier; la nation entière était secouée dans son patriotisme le plus ardent.

Le luxe et l'élégance s'affichaient maintenant de tous côtés ; les soirées officielles, les bals, les concerts se succédaient sans relâche dans la nouvelle société parisienne ; les sénateurs, les membres du Corps législatif, les maréchaux de l'Empire offraient des fêtes incomparables au souverain ; les uniformes éclatants des officiers de l'armée se mariaient aux robes chargées de pierreries dans l'éblouissement des lumières et des fleurs; jamais on n'approcha si près de l'incroyable magie des contes bleus, jamais peut-être aussi les femmes n'encadrèrent leur jeunesse et leur beauté dans plus de magnificence, de splendeur et d'apparat.

La mode était encore sinon aux nudités voilées, du moins aux demi-transparences, au nu relatif. En dépit du froid, les courageuses Françaises allaient à la promenade les bras à peine couverts, la gorge entr'ouverte, le pied mignonnement emprisonné dans la soie et le soulier à jour ; de même que les hommes bravaient la mort pour la gloire, elles aussi bravaient la *camarde* pour le plaisir et la galanterie. Les coquettes les plus frileuses couraient sur les boulevards et visitaient les boutiques dans une légère redingote fourrée avec collet de cygne, un voile encapuchonnant la capote, quelquefois une palatine ajoutée au schall ou le schall doublant la redingote. Le *Witz choura* n'apparaissait pas encore et le manchon n'avait plus les dimensions d'un gros fût d'un mètre comme ceux du Directoire. La coupe des robes habillées était plus étoffée qu'autrefois, bien que la taille fût très courte et fît saillir les seins plus haut que la nature ne semble l'indiquer. On employait plusieurs aunes de mousseline à la confection de la robe et du corsage ; le dos d'une femme en toilette était élargi par les épaulettes, cassé en rond par le décolletage, mettant en valeur les grâces du cou et les beautés attirantes de la nuque ; peu de fard ou de poudre aux joues, une pâleur mate et naturelle était de bon goût ainsi que des cheveux en désordre ; les Titus revenaient avec plus de frisons sur la tempe et le front ; les diadèmes et les bandeaux se portaient généralement. Aux jupes moulant le corps on ajoutait un peu partout une profusion de fleurs.

Les guirlandes de roses de Bengale, l'héliotrope, le jasmin, l'œillet, le laurier rose et blanc, la rose bleue furent tour à tour très portés, surtout à la fin de l'Empire, quand les modes *troubadour,* les chapeaux *à créneaux,* les manches *à la mameluck,* les cheveux *à l'enfant* nous apportèrent un je ne sais quoi gothique et féodal qui concordait si bien avec la littérature romancière sombre, contournée, sentimentale et niaise de Ducray-Duminil, de Mmes Radcliff ou de Chastenay.

De 1806 à 1809 on se couvrit de bijoux à ce point que les femmes semblaient des vitrines ambulantes ; aux doigts les bagues s'étageaient ; les chaînes d'or faisaient jusqu'à huit fois le tour du cou, les pendeloques lourdes et massives tiraient le lobe de l'oreille, aux bras serpentaient la ciselure et l'émail des bracelets de toutes formes ; les colliers de perles en torsades ou en franges ornaient les coiffures en cheveux, formant bourrelet sur le devant et parfois retombant sur l'épaule. De longues épingles d'or fixaient les cheveux relevés à la chinoise ; les diadèmes, formés d'une feuille de laurier or et diamants d'un côté, d'une branche d'olivier, or et perles de l'autre, ceignaient le front des élégantes. Les peignes se composaient d'une branche de saule pleureur, or, diamants et perles, beaucoup de colliers, dont le plus apprécié était le collier *au vainqueur*, mélange singulier de cœurs en cornaline, en bois de palmier, en sardoine, en malachite, en lapis, suspendus à une chaîne d'or. La boîte à odeur du dernier goût s'appelait *bouton de rose ;* le dessus était émail et or ; la fleur, finement tracée en perles fines, se trouvait peinte sous la forme réelle d'un bouton d'églantier.

Le luxe des bijoux fut tel que la réaction arriva, et qu'ils furent peu à peu proscrits ; on commença par porter les brillants sur des montures invisibles, à enfiler les perles, l'ambre, l'améthyste, la cornaline, l'agate, sur un simple cordon de soie; puis insensiblement on relégua le tout dans les coffrets et le suprême bon ton aux environs de 1810 fut de se montrer d'une sobriété absolue dans l'étalage de tous ses colifichets.

Pour les hommes une mode qui se généralisa fut celle du *Soleil levant*. Toutes les ciselures furent faites au *Soleil levant;* la garde de l'épée, les boucles, les boutons de métal, la boîte de montre, les parties brodées... Partout des aurores. Le pourquoi de cette vogue : emblème ou caprice? — On n'en sut jamais rien.

La journée d'une coquette impériale était entièrement livrée aux menus soins de la toilette. A son petit lever, elle se plongeait dans un bain chinois, à pâte d'amande parfumée, se faisait polir, poncer, essencer; elle passait de la manicure au pédicure, puis elle endossait une capote de mousseline brodée à tablier et déjeunait. Alors arrivaient les marchandes, les lingères et modistes et l'indispensable professeur de salut et de présentation, le démonstrateur émérite de la danse à caractère, qu'on désignait sous le nom de *M. Courbette* et qui, durant une heure, apprenait à allonger, arrondir, gracieuser le bras, à saluer de la main, à faire révérence, à se tenir sur la hanche droite ou gauche, et qui terminait la séance par une lumineuse analyse sur la *Morale de la danse terre à terre.* Le secrétaire succédait au maître danseur; il écrivait quelques courtes missives et vite était congédié. C'était l'heure de la promenade au bois de Boulogne et à Bagatelle. La nymphe légère vêtissait l'amazone, se lançait sur un coursier superbe ou bien faisait atteler sa calèche à Parasol ou son cabriolet couleur d'écaille pour aller faire admirer ses charmes dans quelque fête champêtre.

Au retour de la course, elle venait juger de l'effet de certaine robe grecque exécutée sur un dessin nouveau, et, passant dans son boudoir antique, elle donnait audience à son coiffeur. Celui-ci était déjà venu le matin préparer ses cheveux à la Titus dont il n'avait laissé paraître que quelques crochets s'échappant d'un petit bonnet. Maintenant, il se présentait pour le grand œuvre, l'œil inspiré, posant à l'artiste, cherchant l'inspiration et tenant d'une main un croquis représentant Mlle Mars ou la Duchesnois, et de l'autre un petit bandeau de mousseline imitant un schall, tant le tissu en était coloré et souple. Il regardait tour à tour le croquis et la tête de la belle indolente, puis il mariait habilement l'étoffe et les cheveux, laissant tomber sur l'épaule gauche les deux bouts inégaux du schall rouge ou jaune; alors, se retirant en arrière, clignant de l'œil à la glace, il demandait à la petite-maîtresse si cette coiffure *à la Benjamin* ou *à la Siméon* était de son goût, jurant pour sa part qu'elle seyait à merveille au caractère piquant de sa figure.

Le soir, dans une robe garnie en peluche de soie ou dans une tunique de crêpe blanc relevée de satin, elle prenait une loge aux Bouffons ou bien allait entendre Elleviou, la coqueluche de Paris, à moins qu'elle ne préférât applaudir Brunet dans *Ma Tante Urlurette*. — Un souper l'attendait au retour du théâtre; quelques tables de jeu retenaient ses amis, et ce n'était pas avant une heure avancée de la nuit que la grande coquette de l'Empire s'abandonnait aux mains de ses femmes de chambre et se couchait exténüée dans sa fine toile de Hollande; la tête à demi cachée dans une jolie cornette ornée de dentelles, les mains revêtues de gants gras.

De 1805 à 1814, la mode varia à Paris de huitaine en huitaine; les nuances de ces changements sont si délicates qu'il est presque impossible de les saisir; les rédacteurs de journaux spéciaux, qui paraissaient alors tous les cinq jours, déclarent eux-mêmes ne pouvoir satisfaire à la curiosité de leurs lecteurs, si grande était la multiplicité des costumes. — Si nous nous plaçons néanmoins au milieu de l'année 1808, nous constatons, par un regard rétrospectif, que les cheveux bouclés artistement, ou *à la Ninon,* mais sans ornement, qui constituaient autrefois le négligé, sont devenus le *Nec plus ultra* de la parure. Les plumes, qui étaient le symbole de l'éclat, du grand costume, de la cérémonie, ne sont guère admises que dans le plus grand négligé. La mode ne les tolère que sur un chapeau du matin, tombant avec abandon, flottant avec légèreté. Elles ne sont ni assez sévères ni assez pompeuses pour un habit d'étiquette ou de grand apparat. Les manches des robes se font bouffantes ; elles figurent l'embonpoint, qui est la beauté de la ligne du bras. Un caprice de la vogue inconstante, qui n'admettait pas quelques années auparavant les plis inégaux, a réglé que les manches d'une élégante seraient plissées comme le jabot d'un petit-maître. On ne doit plus dire en 1808, remarque un observateur : « comme je suis bien mise », ou encore : « comme madame une telle est bien habillée », mais seulement soupirer : *Comme je suis bien drapée!... Dieu! que madame X... se dessine bien!*

On commence à proclamer que plus une femme est jolie, moins elle a besoin d'ornements, que sa mise doit être simple, quoique élégante, et que la perfection de la parure consiste dans la sobriété des passementeries, dans le goût et la grâce et non pas dans la singularité de la mise, dans la nouveauté des costumes, dans la richesse des étoffes ni enfin dans le luxe inutile et ruineux des bijoux. On se persuade dans le monde que la vanité est presque toujours la compagne du mauvais goût. Le fichu à la mode doit dissimuler la gorge et faire ressortir les épaules; on ne noue plus son mouchoir pour en faire une bourse, mais on met son argent dans une résille d'or qu'on attache à sa ceinture. Les robes à pluie d'or et d'argent, qui faisaient *florès* dans les premiers temps du règne, ne sont plus considérées comme de bon genre; mais un voile, un schall à lames d'argent sont regardés comme du meilleur ton, soit pour figurer dans un bal, soit pour briller aux spectacles. Les dames dansent le *Belloro* ou la *Chica*, et bien qu'elles aiment le plaisir à la folie, elles prétendent d'un air fatigué que tout est ennuyeux, fade et mourant dans les distractions du dehors.

Dans les beaux jours, tout Paris est à la promenade; les rentiers prennent le frais vers les boulevards du Marais; les auteurs vont bouquiner sur les quais; les mères de famille promènent leurs nourrissons vis-à-vis le Panorama ou sur le boulevard Montmartre; les élégantes, qui tiennent à étaler leurs riches équipages et leurs modes nouvelles, vont au Bois de Boulogne; les femmes plus modestes, qui se contentent de faire admirer leurs charmes, vont à la terrasse des Feuillants et aux Champs-Élysées; là, regardées tour à tour par les jeunes gens à cheval et par les piétons, elles ont le plaisir de se moquer des belles qui vont au Bois. — On s'étouffe à Coblentz pour regarder le beau sexe assis de chaque côté du boulevard ; depuis Tivoli jusqu'au Colysée, depuis le Colysée jusqu'au jardin Turc, on n'aperçoit que des parures bourgeoises, des grisettes de tous les quartiers ; aux Champs-Élysées, officiers et jeunes mondains à cheval, matadors en carrick, luttent de vitesse et de noble allure, tandis que les financiers se prélassent au fond de leur berline fermée et que les jolies femmes sourient dans leur calèche découverte ou leur *demi-fortune*.

L'heure des *agréables* au Bois de Boulogne est, en 1807, de midi à trois heures. Il fut un instant de mode d'aller prendre des glaces au café de Foy, mais le bon ton veut alors qu'on les fasse apporter chez soi. Ces glaces se servent, été comme hiver, à déjeuner, à dîner, à souper, à toute heure. Comme spectacles, on ne saurait se passer d'aller voir Olivier et l'incomparable Ravel, les deux faiseurs de tours à la mode. On applaudit Talma aux Français, Mme Henry à l'Opéra-Comique ; le vaudeville est négligé ; on court en foule aux répétitions de l'Opéra ; on se montre avec orgueil dans les loges aux représentations du vendredi ; on déclare passer des heures *divines* à l'Académie des arts, et pour se donner un instant de folie, on se rend *incognito* chez Brunet.

Dans les cercles, le soir, on réunit une foule de gens de tout âge, beaucoup d'hommes et peu de femmes; plus la foule est grande, plus la réunion est considérée comme brillante; les étrangers sont bien accueillis et fêtés, on se promène; les conversations sont particulières; il n'y a que les traits d'esprit ou les calembours qui, pour un instant, se colportent et généralisent le rire. Le *fin du fin* de la galanterie d'alors est de négliger toutes les femmes d'un salon pour se ranger autour de la plus belle, en la regardant avec insistance, en l'entourant, en discourant sur ses appas, en la poussant et la pressant de manière à lui faire perdre haleine. — L'heure de la *gavotte* arrive; on crie: bravo! on applaudit à l'avance. Zéphyr s'élance, il va prendre par la main la maîtresse de la maison; un piano est disposé: tout le monde se range en cercle, on monte sur les chaises, les entrechats excitent l'enthousiasme. La belle, fatiguée, heureuse, souriant à tous, va prendre un instant de repos sur son lit à la grecque pendant que le danseur suprême reçoit les compliments de la plupart des jeunes gens qui demeurent ébahis. On murmure, on s'extasie: « Que vous avez bien dansé! quelle légèreté! quelle grâce!... et lui, s'éventant de son mouchoir, répond avec importance comme un muscadin d'autrefois: « Il est vrai que j'ai eu *quelques pas d'inspiration,* mais ce n'est pas tout à fait cela... *Je n'ai fait que chiffonner la gavotte.* »

Que de jolis tableaux de Paris il y aurait à faire sur le monde et les mœurs de l'Empire, qui ont été trop peu étudiés par les écrivains de cette fin de siècle! De la rue au salon, du théâtre au cabaret, de la femme de Cour à la grisette, du vieux grognard au chauvin civil, on aurait à analyser d'innombrables originaux, des traits de caractère incroyables. La postérité aime à suivre Napoléon sur tous les champs de bataille de l'Europe, les historiens ont marché sur les traces de nos drapeaux victorieux; mais nous avons trop négligé de regarder au cœur de la France pendant ces années de gloire, nous n'avons pas assez *chiffonné* la gavotte parisienne, pas assez vu l'esprit, les modes et les mœurs de la nation depuis le Consulat jusqu'au retour des Bourbons.

Un mari échaudé, devenu économiste, fit circuler vers 1807 un paradoxal *état de la dépense annuelle d'une petite-maîtresse de Paris,* d'après ses notes de ménage. Nous le reproduisons ici sans y rien changer, comme document comico-sérieux. Le voici :

Trois cent soixante-cinq bonnets, capotes ou
chapeaux. . . . . 10.000 fr.
Deux schalls de cachemire . . . . 1.200 »
Six cents robes. . . . . 25.000 »
Trois cent soixante-cinq paires de souliers. . . 600 »
Deux cent cinquante paires de bas blancs, au-
tant de couleur. . . . . 3.000 »
Douze chemises. . . . . 300 »
Rouge et blanc. . . . . 300 »

Deux voiles. 4.800 fr.
Corsets élastiques, perruques, ridicules, om-
    brelles, éventails, etc. . . . . 6.000 »
Essences, parfums et autres drogues pour pa-
    raître jeune et jolie. . . . . 1.200 »
Bijoux et autres bagatelles . . . . 10.000 »
Meubles grecs, romains, étrusques, turcs, arabes,
    chinois, persans, égyptiens, anglais et gothi-
    ques . . . . 50.000 »
Six chevaux de selle, deux de main . . . . . . 10.000 »
Voitures française, anglaise, espagnole, etc. . 25.000 »
Maître de danse. . . . . 5.000 »
Maître de français. . . . .   300 »
Un lit . . . . 20.000 »
Articles dans les journaux, loges aux specta-
    cles, concerts, etc. . . . . 30.000 »
Œuvres de bienfaisance et de charité. . . . . .   100 »
                                                ____
                    TOTAL. . . . . 190.000 fr.

Ajoutez à cela le train de maison, les gens et la
table, les cadeaux extraordinaires, les billets de lote-
rie, les pertes à la bouillotte, et l'on arrive à plus de
cent mille écus, chiffre respectable pour les menus
frais d'une grande coquette.

Les schalls étaient toujours le fonds de la toilette
d'une femme ; ils étaient très chers et recherchés,
moins rares cependant que sous le Directoire. Dans
l'origine, les kachemires étaient une chose extraordi-
naire et un objet d'envie ; peu à peu ils se répandi-
rent universellement dans le royaume de la mode et
servirent à mille usages comme turbans, redingotes,

robes, et même s'utilisèrent dans la décoration mobilière. Ces schalls d'Orient apportaient la couleur et un chatoyant effet de draperie dans les spectacles lorsqu'ils tombaient avec négligence sur le devant d'une loge ; les élégantes gracieuses en tiraient tous les partis possibles, soit dans la danse antique, soit à la promenade ou au sortir du théâtre ; elles le drapaient sur la tête, le roulaient sur les seins, en comprimant d'un délicieux mouvement de mains leur gorge frileuse.

Le schall de kachemire jouait un rôle considérable dans la haute et riche société parisienne.

« C'est sur le point de la parure et des modes que les Françaises sont sujettes à faillir et perdent tout ce que leur caractère a d'intéressant, tout ce que leur conduite a de respectable, écrivait Lady Morgan dans son livre sur *la France.* C'est là que finit l'économie et que commence une extravagance qui ne connaît point de bornes. Le mérite du *divin* kachemire et du joli mouchoir de poche brodé succède en un instant aux discussions financières et aux arguments politiques : — « Et combien de « kachemires avez-vous, ma chère ? » est une question que les belles pupilles de ces grands vizirs de *femmes d'État,* MM. de Chateaubriand et Fiévée, font avec le plus d'importance et traitent avec plus de gravité que s'il s'agissait des nouveaux traités politiques de leurs maîtres.

« Cette élégante production de l'industrie indienne est un objet indispensable pour toutes les Françaises, et elles y attachent tant de prix qu'on serait tenté de croire qu'il existe un charme magique dans son tissu. Je n'oublierai jamais, poursuit l'ancienne miss Owenson, le sentiment mêlé de compassion et de surprise que je causai à une de mes amies de France quand je l'assurai que je n'avais jamais eu qu'un seul kachemire.

« — Ah, mon Dieu! s'écria-t-elle, mais c'est
« inconcevable! Ma belle, il faut en acheter un avec
« ce que vous produira votre premier ouvrage..., un
« kachemire, c'est une terre, n'est-ce pas? »

Ce que n'ajoute pas suffisamment Lady Morgan, ce qu'elle ne pouvait comprendre en sa qualité d'Anglaise, c'est qu'un kachemire était considéré comme un héritage à transmettre dans sa famille. « C'est un meuble », disait-on, et, de fait, ces kachemires de nos aïeules se sont transmis de génération en génération, et souvent il nous est encore donné d'en contempler quelques-uns au fond de certaines vieilles armoires respectables de province, ayant conservé une finesse merveilleuse de tissu et comme une étonnante coloration d'ancien vitrail.

Le carrick de drap et le witzchoura à capuchon exclurent le schall de la mode dans les dernières années de l'Empire; le witzchoura, vêtement disgracieux qui cachait la taille, ne convenait ni aux

femmes trop petites, ni à celles chargées d'embonpoint; les fourreurs seuls le firent valoir et débitè-
rent ce vêtement à un prix exorbitant. Les fourrures
et principalement l'hermine se portèrent avec profusion de 1810 à 1814; on ne voyait que douillettes
d'hermine, witzchouras, spencers, redingotes, manchons d'hermine; les femmes se couvraient autant
qu'elles s'étaient découvertes. Costumes charmants,
au reste, et que les gravures ont reproduits comme
des merveilles de goût et d'élégance.

Ces modes de l'Empire, il faudrait nous y attar-
der, regarder un à un ces charmants habillements
qui durant dix ans varièrent tant de fois dans des
dispositions si souvent heureuses que nous aurions
à décrire plus de mille costumes divers, sans donner encore une idée complète de ces fantaisies exquises. Il nous faudrait examiner l'influence qu'eut
Marie-Louise sur les habillements féminins après le
second mariage de Napoléon, et comment celui-ci
sut maintenir la suprématie de la toilette française.
Mais ces études et ces considérations de futile apparence nous entraîneraient au delà des bornes pres-
crites dans des descriptions minutieuses, qu'il serait nécessaire d'égayer de planches indispensables
à la compréhension du texte. Ces modes insaisissables et charmantes, il faudrait une plume d'aile de
papillon pour en détailler les charmes et l'inconstance; et puis, il faut bien le dire, le style aussi a

un sexe, et ce serait à une femme qu'il conviendrait de broder la fantaisie sur ce sujet si fugitif, qui est inséparable de l'art de plaire. Consolons-nous de cet à peu près, La Bruyère ne disait-il pas déjà, en 1680 : « Une mode a à peine détruit une autre mode, qu'elle est abolie par une plus nouvelle, qui cède elle-même à celle qui la suit et qui ne sera pas la dernière... Telle est notre légèreté ! Pendant ces révolutions, un siècle s'est écoulé, qui a mis toutes ces parures au rang des choses passées et qui ne sont plus. La mode alors la plus curieuse et qui fait le plus de plaisir à voir, c'est la plus ancienne. »

LE MIROIR DES MODES

SOUS

LA RESTAURATION

ENDANT les premiers jours de la Restauration, alors que Napoléon venait à peine de mettre pied à l'île d'Elbe et que Paris, accablé par tant d'événements précipités, était encore livré aux mains des alliés, une grave question, bien française, fut discutée aux Tuileries entre Louis XVIII, le prince de Foix, le duc de La Châtre, le marquis de Brezé et diverses dames de qualité de l'intimité du Roi.

On s'inquiéta des Modes de la France nouvelle et on songea sérieusement à faire une véritable révolution dans le costume national pour complaire à tous ceux qui revenaient de l'émigration avec les mœurs, les idées et les usages de l'ancien régime. La coupe des habits ainsi que la forme des robes, des uniformes et des chapeaux furent envisagées presque comme des affaires d'État. — Reviendrait-on à la perruque à nœuds, à la poudre, aux paniers, aux falbalas, aux vertugadins? Quelle serait la mise des hommes et des femmes présentées? Quels habits de cour?...

Le costume des cent quarante dames choisies dans les douze arrondissements de Paris pour offrir leurs hommages à S. A. R. Mme la Duchesse d'Angoulême, au moment de son entrée au palais des Tuileries, ne pouvait être que provisoire et de circonstance : il consistait en une Robe blanche en soie, crêpe ou mousseline, une coiffure tressée en lis et un bouquet de lis.

Chacun dans la royale assemblée s'efforça de présenter des idées transcendantes pour la contre-révolution vestiaire à l'ordre du jour; on parla de bannir les longues redingotes, les cornettes, les pardessus de perkale, les chapeaux de haute forme, qui sentaient la Convention, les Carricks à triple collet et les culottes longues; on convint que l'habit était la moitié de l'homme et on ne se fit pas faute de répéter le mot de Figaro : « Tel rit d'un juge en habit court, qui tremble au seul aspect d'un procureur en robe. » Cependant personne ne parvint à présenter une solution raisonnable capable de rallier tous les suffrages, et Louis XVIII, fatigué de tant de vains bavardages, mit fin à la discussion en s'écriant avec une apparente bonhomie : « Que penseriez-vous, mon cher Dreux-Brézé, si nous reculions jusqu'aux fraises de nos bisaïeules [1] ? »

En définitive, le retour au blanc complet, à l'éclat neigeux des mousselines claires, marqua seul dans l'accoutrement des femmes le retour des Bourbons. Fleurs de lys, écharpes et cocardes blanches, chapeaux à *la Henri IV* munis de panaches blancs, robes et pardessus de perkale, rubans de soie écrue, capotes de crêpe blanc bouillonné, guirlandes de lys dans la chevelure, tels, étaient au milieu de l'année 1814, les principales distinctions du costume féminin. Peu de bijoux, sauf une bague qui se répandit vivement en raison de son allégorie; c'était un câble d'or avec trois fleurs de lys de même métal, portant cette devise en émail blanc : *Dieu nous les rend.* La présence des troupes alliées mit en vogue des accoutrements anglais, russes et polonais, sans que le patriotisme songeât à protester. On fabriquait d'innombrables chapeaux *à l'Anglaise,* lourdes et massives capotes gaufrées, tuyautées, plissées, disgracieuses au possible, des toques *à la Russe,* à large assiette et à petite visière, des casques d'étoffe

____

1. *Mémoires d'une femme de qualité sur Louis XVIII, sa cour et son règne,* t. Ier, chap. XXIII. Paris, Mame et Delaunay, 1829.

ornés de plumes de coq blanches, tels qu'on en
voyait aux officiers alliés, quelques rares turbans
de kachemire blanc ; le tout orné de lilas blanc ou
de jacinthes roses ; des robes courtes, des écharpes
en sautoir, des toques *à l'Écossaise* eurent quelques
mois de succès. — Le drapeau blanc qui flottait sur
les Tuileries semblait donner le ton de la toilette.

On voyait dans tout Paris des robes de levantine
rose tendre et des tuniques de mérinos blanc ; quelques-unes étaient faites en forme de pelisse et
n'avaient point de ceinture ; les deux pans flottaient
écartés l'un de l'autre. Les robes, dites à la vierge,
formant demi-guimpe, montaient jusqu'au menton ;
les robes blanches, rayées à petits carreaux bleus ou
roses, se multipliaient ; les volants de ces robes
étaient tout blancs, mais il était de rigueur qu'il y
eût des festons de la couleur des raies, et feston sur
feston. Les beaux schalls de kachemire, de belle
qualité, avec larges palmes et brillantes couleurs,
n'étaient point détrônés par les redingotes à trois
collets ou les pelisses ; on convenait que rien ne
dessinait mieux les épaules et ne drapait plus mollement une femme élégante. Terneaux et Courtois
étaient les marchands favoris ; on se précipitait chez
eux lorsque courait le bruit d'un arrivage des Indes.
Les petites bourgeoises, qui ne pouvaient s'offrir le
luxe d'un kachemire, achetaient volontiers des
schalls de bourre de soie, qu'on fabriquait égale-

ment de couleurs vives et tranchantes, avec palmes et larges bordures. Les écharpes rayées en tricot de soie, qu'on appelait d'abord *écharpes circassiennes* étaient alors connues sous le nom d'*écharpes d'Iris;* on savait les porter avec grâce et langueur.

« Partout, le besoin des habillements riches se manifestait, écrit M. Augustin Challamel dans son *Histoire de la mode* si incomplète [1]. Autour de Louis XVIII et du comte d'Artois se groupaient des royalistes exaltés. Les appartements des Tuileries ne désemplissaient pas. Dans les hôtels du faubourg Saint-Germain on ne rêvait que soirées, concerts ou bals. Un grand mouvement s'opéra dans le commerce, ce fut l'excuse de chacun.

« Paris compta bientôt quatre tailleurs pour dames fort renommés, treize modistes possédant une nombreuse clientèle, sept remarquables fleuristes, trois couturières en corsets très recherchées et huit bons cordonniers pour dames.

« Dans les bals officiels ou privés, ordinairement paraissaient les robes blanches avec des garnitures de fleurs au bas. Les danseuses mettaient des fleurs dans leurs cheveux, plus souvent des roses. On vit les robes à l'Écossaise, les robes à l'*indolente,* les robes garnies de chinchilla.... Les accessoires variaient beaucoup. Ici, les manches étaient bouf-

1. *Histoire de la mode en France,* depuis l'époque gallo-romaine jusqu'à nos jours. In-8°, Hennuyer, 1881.

fantes et rehaussées de plusieurs rangs de « ruches »,
là elles formaient l'entonnoir, c'est-à-dire qu'elles
avaient une certaine ampleur aux épaules et qu'elles
s'en allaient s'aplatissant peu à peu jusqu'au poignet, où elles étaient fermées hermétiquement par
un ruban, de manière à être terminée par un gant de
peau de diverses couleurs.

« Les dames se décolletaient, se mettaient un collier de perles ou de grenat ; celles qui adoptaient les
manches courtes ne manquaient pas d'adopter aussi
les gants longs, ce qui composait un gracieux costumes. Elles avaient des toques brodées, garnies en
perles, ornées d'une guirlande de marabout ; les
gants longs coûtaient très cher, mais aucune coquette n'eût hésité à en changer chaque jour, car ils
devaient avoir la plus grande fraîcheur. Beaucoup
étaient de couleur chamois.

« Bijoux précieux, diamants, saphirs et rubis,
fleurs en gerbes et en semis, ceintures larges et
d'éclatante couleur, éventails de prix, réticules
brodés ou passementés, voilà ce qui complétait la
toilette, voilà ce qui lui donnait du caractère ou de
la valeur. Les femmes nouaient en cravate des sau-
toirs, et les jeunes filles portaient des tabliers robes
tout blancs. »

La chevelure était disposée en petites boucles
presque collées sur le front et aux tempes et formant, vers la nuque, des coques fort peu apparentes.

Presque toujours des fleurs artificielles s'y voyaient, mais cependant, il faut le dire, en très petite quantité.

La grande préoccupation des élégantes de la Restauration semble avoir été dans la coiffure et principalement dans la variation des chapeaux ; de 1815 à 1830, on compterait aisément plus de dix mille formes de chapeaux et de bonnets ; les journaux de mode négligent même la description des robes et manteaux pour se donner exclusivement à l'art des coiffures, chapeaux de paille d'Italie, capotes de peluche de soie, casques de velours à panaches, chapeaux de gros de Naples ou de crêpe bouillonné, capote de perkale, turbans de mousseline, toques *à la Polonaise,* casquettes *à l'Autrichienne,* turbans *moabites,* feutres *à la Ourika,* cornettes de mousseline blanche, de velours noir bordé de tulle, c'était une confusion à en perdre la tête avant de la coiffer. — Et quels chapeaux ! Qu'on se figure des toques de juges disproportionnées comme élévation, avec d'incroyables auvents semblables aux maisons fantastiques du moyen âge ; qu'on se rappelle les schakos impossibles des fantassins de la Grande Armée et qu'on ajoute à ces meubles pesants des capotes non moins élevées que profondes, qu'on songe en outre à des moules à tourtes du pays de Gargantua et l'on aura un vague aperçu de ces coiffures massives, chargées de rubans, de fleurs, de cocardes, de torsades, de bourrelets, de nœuds de rubans, de ruches, d'aigrettes et de plumes ; ce sont là des chapeaux de guerrières, des bassinets, des cervelières, des heaumes prodigieux, des morions abracadabrants, en un mot des casques avec jugulaire, lambrequin et ventail ; mais on a peine à croire que d'aussi bizarres couvre-chefs aient pu jamais protéger le visage rieur et gracieux de nos Parisiennes.

La taille des robes s'allongea progressivement ; vers 1822 on était revenu à la taille normale qui ne coupait plus la poitrine en deux et laissait à la gorge plus de liberté, on reforma aussi par la logique l'art des couturières et aussi des tailleurs. On porta également des robes blouses en mousseline des Indes qui avaient au bas cinq rangées de broderies en fleurs d'arbre de Judée et quatre biais ; des robes en crêpe Élodie, rose, bleu ou réséda avec bouillons de la même étoffe. Le génie des modistes qui avait épuisé toutes les poses des entre-deux, des crevés, des volants, des plissés et des roulés, revint à une expression plus simple dans les garnitures ; de modestes galons de soie ou de couleur ornèrent le bas des jupes. Le *canezou,* l'antique canezou des héroïnes de Paul de Kock succéda au spencer ; les jolis canezous, qui seyaient si bien aux jeunes demoiselles, avantageaient la taille et lui donnaient une souplesse et une grâce infinies. Le corset reprit faveur et sa confection, encore primitive, devint un art véritable qui ne comptait pas beaucoup de maîtres. Un bon corset de chez Lacroix ne se vendait pas couramment moins de cinq louis, et encore cet excellent faiseur ne pouvait suffire aux demandes. Ces corsets étaient en deux parties ; on y ajoutait un petit coussin en satin blanc qui, s'attachant par derrière, à la façon de nos tournures, donnait à la taille plus de cambrure en aidant au maintien de la jupe. Quelques corsets à élastiques, par un procédé ingénieux, se laçaient et se délaçaient d'eux-mêmes. Un busc d'acier, bien que signalé comme dangereux par les médecins, servait le plus souvent à agrafer le corset sur la poitrine.

On vit bientôt disparaître ces gracieuses épaulettes qui formaient la demi-manche des robes, et presque aussitôt apparurent successivement les manches bouffantes, manches *à gigot, à béret, à la folle, à l'éléphant*, qui nous ramenaient à la Renaissance, aux corsages outrant la largeur d'épaules et aux tailles *guêpées*. Durant l'hiver, on portait d'énormes manchons de renard, de chinchilla, ainsi que des *boas* de fourrure et de plumes frisées qui s'enroulaient sur le torse, se nouaient au cou, tombaient à l'aventure et donnaient aux femmes un certain air provocant d'Ève en conversation criminelle avec le serpent de l'histoire sainte. Beaucoup de mitaines et de palatines de duvet de cygne pour les courses au dehors.

La duchesse de Berry avait vainement essayé de porter le sceptre de la mode ; mais elle n'eut jamais la moindre influence sur les costumes parisiens de la Restauration... et cela se conçoit.

La littérature et surtout les romans en vogue servirent à trouver des épithètes aux étoffes, aux couleurs, aux variétés de la mode, ainsi que les pièces à succès, les événements marquants et aussi les animaux exotiques que l'on commençait à amener au *Jardin des plantes*. Le vicomte d'Arlincourt devint, grâce à son roman sentimental, le parrain des turbans à *l'Ipsiboé;* Mme de Duras, par son conte émouvant de *Ourika*, baptisa, sans s'en douter, robes, bonnets, schalls et presque tous les chiffons du moment. On vit des fichus à *la Dame blanche*, des rubans *Trocadero* qui évoquaient le souvenir du voyage du duc d'Angoulême « tra los montes », des chapeaux à *l'Emma*, des toques à *la Marie Stuart*, des coiffures à *la Sultane*, à *l'Édith*, à *la Sévigné*, des étoffes *Élodie*, des cols *Atala*, sans compter les noms extraordinaires que l'on ne craignit pas, par genre, de donner à certaines nuances d'étoffe vers 1825. Nous ne parlons pas des couleurs *eau du Nil, roseau, solitaire, graine de réséda, bronze, fumée de Navarin, peau de serpent, brique cuite, jaune vapeur* ou *lave du Vésuve;* mais que dira-t-on des nuances *souris effrayée, crapaud amoureux, puce rêveuse* et *araignée méditant un crime ?*

En 1827, le pacha d'Égypte envoya à Charles X
une superbe girafe qui fit l'admiration de tout Paris ;
c'était la première qu'on voyait en France ; la mode
voulut consacrer cet événement ; en quelques jours
tout fut *à la girafe*, chapeaux, ajustements, ceintures, coiffures d'hommes et de femmes. C'était le
pendant des modes *au dernier soupir de Jocko* qui
suivirent le décès d'un chimpanzé qui avait recueilli
toutes les sympathies parisiennes, non moins que
dernièrement à Londres le célèbre éléphant Jumbo
auquel des Anglaises excentriques envoyèrent des
cadeaux : fruits, bonbons, petits fours et jusqu'à des
bouquets de fleurs.

La coiffure se modifia plusieurs fois sous la Restauration ; en 1828, on portait les cheveux nattés
disposés en forme de coques, semblables à des pièces
montées. M. Hippolyte, le coiffeur habile du temps,
qui s'intitulait fièrement perruquier de la Cour,
s'ingéniait à faire les boucles les plus invraisem-
blables, aussi tourmentées que la fameuse signature
de Joseph Prud'homme. Ces paraphes de cheveux
étaient entremêlés de fleurs, de perles, de bijoux en
cordons ; il ne manquait sur le sommet qu'un petit
amour en sucre, tremblotant sur son fil d'archal,
tant ces édifices singuliers ressemblaient aux chefs-
d'œuvre de la confiserie. A défaut d'amour, on pi-
quait dans ces merveilles du peigne une variété de
plumes frisées « de l'invention de M. Plaisir ».

Mais arrêtons-nous, par sagesse, dans ces descriptions trop sommaires des costumes de la Restauration. — La mode est fille de Protée; il est impossible de la fixer ni de la pourtraire.

La France avait accepté le retour des Bourbons comme une garantie de repos et de reprise des affaires. Le gouvernement nouveau répondait à ses besoins du moment; les industriels, les orateurs, les écrivains allaient succéder aux grands généraux; Bonaparte avait voulu faire d'elle une grande et glorieuse nation; les royalistes, moins ambitieux, plus calmes, ne rêvaient que de créer une grande famille française sous l'autorité paisible et paterne d'un monarque légitime. La société accueillit le Roi non pas comme un sauveur, mais comme un simple tuteur, sans aucune idolâtrie, mais avec un rare sentiment de convenance et de bon goût. Napoléon avait été en quelque sorte l'amant privilégié de la nation, son héros chéri, son Dieu; pour lui, elle avait donné son sang, son or, ses enthousiasmes; à l'heure de la banqueroute de ses illusions, elle accepta Louis XVIII comme un sage protecteur qui, à défaut de jeunesse, de bravoure et de galante allure, lui apportait l'assurance d'une vie sans chaos et comme un vague parfum de la poule au pot de son aïeul.

Le nouveau gouvernement eut donc à son début

une lune de miel relative aprés l'interrègne des Cent-
Jours. Le peuple de toutes parts s'enthousiasmait
en apparence sur l'air de *Vive Henri IV !* ou de
Charmante Gabrielle; mais, au fond du cœur des
gouvernés et du gouvernant, il excitait un sentiment
de mutuelle défiance. Moins surmené par la conquête, le pays se recueillit, la culture des lettres et
des arts fit refleurir partout notre ancienne suprématie intellectuelle et cette politesse précieuse que
la Révolution nous avait quelque peu désapprise.
De la licence du Directoire, qui s'était transformée
sous l'empire en une décence obtenue par ordre, on
passa à une sorte de pruderie aussi bien dans le costume que dans les idées; chacun demeura sur son
quant à soi avec réserve, on rechercha le correct,
l'absolu bon ton, le *comme il faut,* la suprême distinction dans des notes discrètes et sobres; on se
garda de l'éclat et du faux décorum; la pompe impériale fit place à la simplicité.

Les femmes comme toujours furent les grandes
instigatrices de ce mouvement heureux. On peut
dire que dans les salons de la Restauration naquit
un nouveau règne de femmes qui ne recevaient que
des hommages respectueux et de délicates attentions; le pouvoir, parfois odieusement despotique,
des traîneurs de sabre s'évanouit pour laisser paraître l'influence bienfaisante des hommes d'esprit
et de talent, dont la retenue et l'agréable conver-

sation étaient considérées comme autant de titres à
l'estime et à la gloire.

« Les femmes spirituelles, d'une certaine beauté,
d'un certain relief aristocratique, d'une élégance
nouvelle et d'une simplicité à laquelle, pourtant, il
n'aurait pas trop fallu se laisser prendre, brillaient
dans tous les salons, raconte le docteur Véron[1].
Lamartine est venu; la femme politique, la femme
poétique et littéraire ont le beau du jeu. Il faudrait
faire revivre les diverses classes, les diverses opinions de la société d'alors, pour rendre convenable-
ment justice à tout ce qui s'y rencontrait de femmes
distinguées ayant leur cercle, leur monde, leur
sceptre respecté, et luttant entre elles de charme,
d'esprit et d'émulation.

« Après les salons en renom de Mme de Mont-
calm, de Mme de Duras et de quelques autres que
M. Villemain a décrits avec de profonds regrets
pour le temps passé, on citait tout un jeune monde
qui, s'épanouissant sous la Restauration, en repro-
duisait les principaux traits, par une physionomie
poétique, par une mélancolie gracieuse et par une
philosophie chrétienne.

« Qui n'a vu, à quelque bal de Madame, duchesse de Berry, se glisser légère, touchant le parquet à peine, si mouvante qu'on n'apercevait en elle

1. *Mémoires d'un bourgeois de Paris,* Paris, 1857, t. V, chap. vii.

qu'une grâce avant de savoir si c'était une beauté, une jeune femme à la chevelure blonde et hardiment dorée; qui n'a vu apparaître alors la jeune marquise de Castries dans une fête, ne peut sans doute se faire une idée de cette nouvelle beauté, charmante, aérienne, applaudie et honorée dans les salons de la Restauration ? La société d'alors, qu'avait émue et attendrie la vaporeuse *Elvire* des *Méditations,* vivait moins terrestre et moins païenne dans ses goûts et dans ses extases que ne l'avait été l'Empire. Cependant l'imposante beauté était encore dignement représentée, avec je ne sais quel éclat d'élégance puisé dans le sang et dans la naissance, par la duchesse de Guiche (depuis duchesse de Grammont). — ... Les hommes politiques étaient alors ménagés et, pour ainsi dire, présidés, dans les salons de Mme de Sainte-Aulaire et par la jeune duchesse de Broglie. On remarquait dans ces per sonnes distinguées un séduisant accord d'esprit, de pensées, de sentiments élevés et religieux, compatibles avec toutes les attentions et toutes les insinuations politiques et mondaines. »

Les femmes élégantes qui voulaient se donner du genre et de l'importance suivaient les curieuses séances de la Chambre des Députés. Chaque femme du monde avait son orateur favori; de même que chaque ministre passait pour avoir son Égérie au faubourg Saint-Germain. M. de Martignac faisait

des chambrées de ténor au Palais législatif, grâce à
son éloquence facile et spirituelle et à la beauté de
son organe ; la très charmante princesse de Bagration
guidait toute une petite cour d'amies exubérantes
dans le dédale touffu de sa politique.

Dans cette nouvelle société d'une politesse affinée et d'un esprit chevaleresque, l'intelligence humaine surtout respirait largement, les questions
de littérature et d'art primaient toutes choses et
passionnaient les Académies et les salons. — Dans
le milieu de Mme de Duras, qui était revenue en
France pour faire l'éducation de ses deux filles
Félicie et Clara, tous les jeunes poétes et romanciers
de la nouvelle génération étaient accueillis avec une
grande cordialité, qui les mettait à l'aise, et avec
cette noblesse de caractère qui formait la caracté-
ristique de cette femme supérieure. Ce fut l'auteur
d'*Édouard* et d'*Ourika* qui prit Chateaubriand sous
sa protection et lui fit accorder, par l'entremise de
M. de Blacas, l'ambassade de Suède. Mme Récamier,
de retour d'Italie, s'était également réinstallée à
Paris au début de la Restauration et ouvrait ou plutôt entr'ouvrait son salon de la rue du Mont-Blanc.

Parmi les maisons les plus fréquentées, on citait
celle de Mme Ripert, dont le mari était, en compagnie
de Michaud, le rédacteur de *la Quotidienne*. La
société royaliste la plus outrée se donnait rendez-
vous chez Mme Ripert, femme enthousiaste, mobile,

capricieuse, qui passait en un instant de la joie à la tristesse, du sang-froid à la colère, de l'audace à la peur, et qui, en dépit de son amour ardent pour les Bourbons, s'était faite constitutionnelle par pur esprit de contradiction. On voyait chez elle M. Fievée qui était l'ornement de son cercle, dont on citait complaisamment les *ana*, MM. Pigeon et Missonnier, rédacteurs appréciés de *la Quotidienne*, le vieux général Anselme, le comte du Boutet, militaire aimable, et enfin M. de Valmalette, le La Fontaine fabuliste de la Restauration, assistaient régulièrement aux soirées brillantes de Mme Ripert.

D'autres salons où l'on portait très haut l'art de prodiguer l'esprit et d'agrémenter la causerie, où le cœur battait d'enthousiasme aux nobles dissertations de l'intelligence, où enfin le culte du beau avait de nombreux desservants, étaient ceux de la comtesse Baraguay d'Hilliers, du comte de Chabrol, préfet de Paris, de Mme la comtesse de Lacretelle, de Mme Auger, femme du secrétaire perpétuel de l'Académie française, de M. Campenon et surtout de Mme Virginie Ancelot, dont la maison était pour quelques-uns une sorte d'antichambre familière qui donnait accès à l'Académie.

On était assuré de trouver chez l'excellente Mme Ancelot, qui écrivit plus tard sur ces foyers d'esprits alors éteints un petit ouvrage des plus intéressants, la plupart des personnages marquants de Paris. Là, venaient avec fidélité Perceval de Grandmaison, le tragique ; Guiraud, Soumet, le comte Alfred de Vigny, Saintine, Victor Hugo, *l'enfant sublime;* Ancelot, Lacretelle, Lemontey, Baour-Lormian, Casimir Bonjour, Édouard Mennechet, Émile Deschamps, de Laville de Miremont, auteur de comédies en vers, le comte de Rasséguier, Michel Beer, le frère de Meyer Beer; Armand Malitourne ainsi que de nombreux peintres et musiciens. Mme Sophie Gay, qui tenait elle-même un petit salon, où l'on ne jouait que trop par malheur, était assidue à ces réunions ainsi que sa délicieuse fille Delphine, la future auteur du *Lorgnon* et de *la Canne de M. de Balzac.*

Armand Malitourne a laissé de Mme Ancelot un portrait à la plume très fin et très sobrement dessiné, dont voici les principaux traits : « Virginie, dit-il, a la tête admirablement bien posée; ses mouvements sont pleins de nonchalance et de grâce. Brune de cheveux, blanche de teint, elle abandonne à ses yeux tout l'honneur de sa figure, et ils suffiraient à sa beauté, modeste et timide. Elle laisse quelquefois tomber sur vous ses beaux yeux, dont l'expression est sérieuse et mélancolique, d'une manière si directe et si prolongée qu'une pareille attention vous inquiète et vous charme; elle ne se doute pas de l'expression de ses longs regards; ils sont, pour ainsi dire, absents de la personne qui les reçoit; ce sont des éclairs de ce feu sacré qu'il faut lui reconnaître et des préoccupations de sa pensée. Un vif instinct d'observation cultivé par l'étude, une grande élévation d'idées fortifiées par l'épreuve de diverses fortunes, une certaine indifférence de cœur qui, certainement, n'est pas l'égoïsme, voilà les saillies bien prononcées de son caractère.

« Elle peint et pourrait écrire; ses ouvrages auraient, je crois, le mérite de ses tableaux, celui de l'imagination et de la vérité. »

Mme Ancelot a écrit et a obtenu des succès populaires; dans son salon exclusivement lettré, elle excellait à débrouiller le jeu des caractères et l'intérêt des actions; elle était charmante dans l'intimité, pleine de douceur, d'abandon, de bon sens et de gaieté; les peintres Gérard, Guérin, Gros, Giraudet, les quatre G comme on les nommait, venaient fréquemment à ses réunions littéraires; Laplace et Cuvier représentèrent parfois les sciences dans cette notable et incomparable assemblée.

La sœur du poète Vigée, Mme Lebrun, dont le talent considérable n'a fait que grandir avec la perspective du temps, et qui, malgré ses soixante-quatre ans, paraissait jeune en 1816, était revenue se fixer définitivement à Paris, après ses innombrables pérégrinations en Europe, et avait ouvert un salon qui se trouvait fréquenté par la société parisienne la plus choisie dans le monde des arts et des lettres.

L'ancienne amie de Rivarol, de Champcenetz et de Grimod de la Reynière peignait encore de lumineux portraits, et, passionnée pour la musique, faisait entendre chez elle les meilleurs virtuoses de tout Paris. Ses réunions avaient lieu chaque samedi, dans son grand appartement de la rue Saint-Lazare ou à Louveciennes, l'été, dans la délicieuse maison qu'elle y avait acquise. — On rencontrait chez Mme Lebrun tous les débris de l'ancienne cour, des survivants des derniers beaux jours de Versailles et quelques étrangers de distinction ; on essayait de faire revivre dans cette société bien disante les amusements d'autrefois : on jouait des proverbes, des charades, on s'égayait même aux petits jeux innocents ; mais l'atmosphère de la nouvelle époque, l'esprit philosophique et sentimental de la Restauration se prêtait malaisément à ces plaisirs naïfs et délassants. Les habitués les plus constants de ce salon étaient : le jeune marquis de Custine, le comte de Laugeron et le comte de Saint-Priest, retour de Russie, où ils avaient pris du service pendant l'émigration ; le baron Gérard, le comte de Vaudreuil et le marquis de Rivière, la belle Mme Grassini, déjà sur le retour, mais dont la voix de contralto superbe avait conservé toute sa fraîcheur ; le comte de la Tour du Pin de la Charce, qui conservait l'urbanité et les belles manières du siècle dernier, le type même du grand seigneur élégant, et enfin le vieux

marquis de Boufflers, alors conservateur adjoint à
la bibliothèque Mazarine, gros, court, podagre,
mal vêtu et qui ne rappelait en rien le sémillant
poëte-chevalier du xviiie siècle, le galant auteur
d'*Aline,* ni le tendre amoureux de Mme de Sabran.

Le salon du baron Gérard, qui possédait rue Bonaparte, en face de l'église Saint-Germain-des-Prés,
une modeste petite maison, bâtie sur ses indications, était généralement très animé. Quatre petites
pièces composaient l'appartement de réception :
Mlle Godefroy, élève du grand artiste et femme déjà
âgée, faisait les honneurs en compagnie de Mme Ge-
rard. A minuit, selon la mode italienne, on arrivait
chez le peintre du *Sacre de Charles X*. Le thé était
servi et l'on passait quelques menus gâteaux. Gérard
causait avec cette verve spirituelle que tous ses contemporains se plaisent à lui reconnaître, sa femme
s'attablait à une féroce partie de whist, et l'intimité
commençait entre le premier peintre du Roi et ses
nombreux invités. Le mercredi de chaque semaine,
on était presque assuré de rencontrer dans le salon
de la rue Bonaparte, Mlle Mars, Talma, Mme Ancelot,
Mlle Delphine Gay, Mérimée, Jacquemont, le comte
Lowœnhielm, le paradoxal Henry Beyle, Eugène Delacroix et quelquefois Humboldt et l'abbé de Pradt,
le comte de Forbin et Pozzo di Borgo, le comte
de Saint-Aignan et le baron Desnoyers, Cuvier,
M. Heim et divers personnages aujourd'hui oubliés.

La maison de Gérard était simplement meublée et sans aucun luxe ; on voyait seulement aux murs quelques tableaux et dessins du maître. L'originalité de son salon était surtout dans l'entente, la cordialité, le sans-gêne, la communion d'esprit des hommes de talent qui s'y réunissaient uniquement pour causer. Il fallait entendre les boutades de Stendhal sur l'amour et les femmes, et écouter les brillantes contradictions de Mérimée ; Delphine Gay, dans l'éblouissante fraîcheur de sa première jeunesse, récitait ses naïves invocations à la muse, tandis que sa mère torturait les cartes avec fureur ; Cuvier et Gérard dissertaient sur l'anatomie du corps humain, alors qu'Humboldt et l'abbé de Pradt luttaient ardemment d'éloquence et d'érudition au milieu d'un cercle de connaisseurs et d'admirateurs, qui jugeaient de l'excellence des arguments fournis. On se retirait sur le tôt, le plus souvent à l'aurore ; charmé de l'accueil qu'on avait reçu chez ce remarquable artiste, ravi des nobles et belles idées qu'on y avait entendu émettre, pénétré de ce plaisir rare que donne la société d'esprits supérieurs.

On se réunissait souvent encore chez la duchesse d'Abrantès, veuve de Junot, chez le savant Charles Nodier qui ouvrait son salon comme une arène aux romantiques et aux classiques ; on allait s'égayer chez le vicomte d'Arlincourt ou chez M. de Montyon, qui paraissait un vert galant, étant resté fidèle

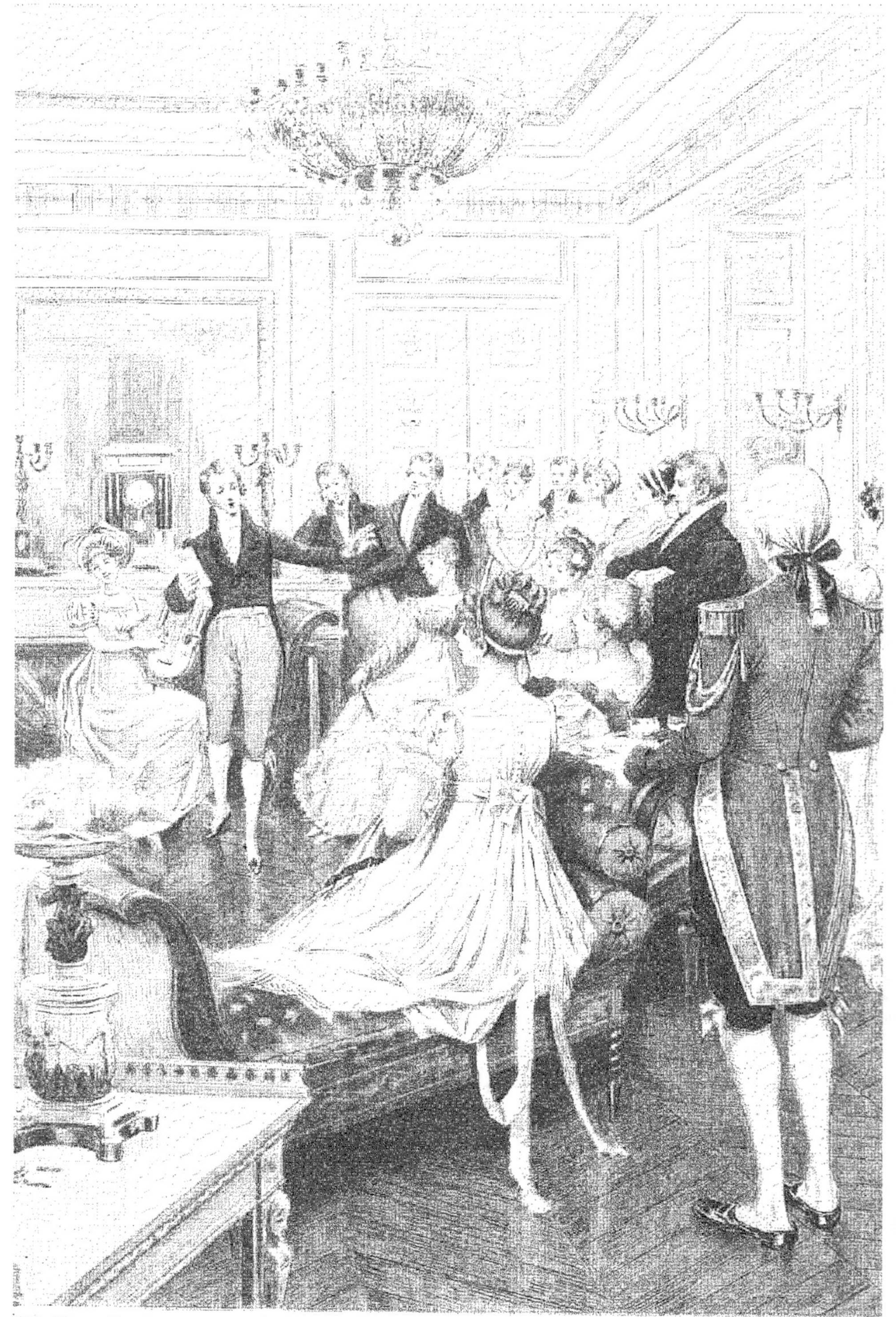

LES MODES SOUS LA RESTAURATION

à la poudre et aux costumes d'antan; on politiquait chez Mme de Boigne, qui recevait deux fois la semaine, rue de Lille, une assemblée triée sur le volet du faubourg Saint-Germain. D'autre part, on s'égarait parfois dans la société littéraire de Mme de Chastenay, où le vicomte Alexis de Saint-Priest déclamait sans pitié pour l'auditoire des tragédies sans fin et des comédies sans commencement; on faisait visite à Mme de Flahaut dans son hôtel des Champs-Élysées, mais la plupart de ces derniers salons inauguraient, à vrai dire, le règne de Louis-Philippe, plutôt qu'ils ne terminaient celui de Charles X. L'Histoire de la Société sous la Restauration est encore à faire et le sujet serait attrayant. Aussi bien en politique et en art qu'en littérature, on y verrait naître, dans différents groupes, toutes les sommités de ce XIXe siècle, qui vit se former la plupart de ses grands esprits dans les foyers brillants de cette période si fertile en génies.

La société parisienne sous la Restauration était divisée par classes distinctes, dont chacune était cantonnée, confinée, pour ainsi dire, en ses quartiers. — Il y avait la bonne compagnie du Marais, celle de la Chaussée-d'Antin et celle du noble faubourg, sans compter les sociétés libres d'artistes et de rapins qui demeuraient fermement les intransigeants de la République des convenances. Entrons à la suite d'un contemporain, M. Antoine Caillot, dans un salon du faubourg Saint-Germain : « Devant un grand feu sont assis en demi-cercle, sur de larges fauteuils de tapisserie ou de damas cramoisi, à pieds et à contours dorés, deux pairs de France, deux députés du côté droit, un officier général, un évêque, un abbé décoré, deux douairières. Ces graves personnages s'entretiennent du temps passé en le comparant avec celui qui court. Les deux vieilles duchesses ou marquises ne trouvent rien d'aussi ridicule que les pantalons ou les cheveux à la Titus, et cependant les deux pairs, les trois députés et le lieutenant général des armées du Roi portent des pantalons et ont les cheveux coupés. L'une de nos douairières ne se rappelle plus qu'au temps jadis elle ne pouvait entendre prononcer le nom de culotte, et qu'elle criait *fi donc!* en détournant la tête lorsque ses regards étaient tombés sur des hauts-de-chausses trop étroits.

« Nous passons dans une salle voisine et nous y trouvons deux vieillards, chevaliers de Saint-Louis, de l'ordre de Malte et de la Légion d'honneur, qui s'escriment au tric-trac; à six pas d'eux, un garde du corps et un lieutenant de la garde royale jouent à l'écarté avec deux jeunes comtesses ou baronnes. La maîtresse de la maison fait sa partie de piquet à écrire avec un aumônier du Roi.

Il arrive de temps en temps que de ce salon s'échappe une nouvelle, vraie ou fausse, qui, les jours suivants, donnera de la tablature aux habitués de la Bourse et aux journalistes[1]. »

De l'aristocratie nobiliaire si nous sautons à l'aristocratie financière, si du monde où l'on s'ennuie nous arrivons au monde où l'on agiote, nous trouvons trois pièces de plain-pied; un billard dans l'une, deux écartés dans l'autre, dans la troisième des hommes qui s'entretiennent de finances, de politique, des femmes qui babillent sur les modes et les spectacles; des meubles de Jacob, des bronzes de Ravrio, des colifichets du *Petit Dunkerque,* le grand magasin qui tient la vogue, des profusions de glaces, de petites pâtisseries et de rafraîchissements. Un bon ton cherché, voulu, trop maniéré, règne parmi ces riches manufacturiers, agents de change et banquiers; quelques artistes fourvoyés chez ces Plutus s'y sentent mal à l'aise, des pique-assiettes et des spéculateurs font la courbette auprès des dames; on jase plutôt qu'on ne cause dans un salon de la Chaussée-d'Antin.

Au Marais, on trouve un vieil hôtel orné de sérieuses et antiques dorures intérieures; de jolis meubles anciens, des peintures de maîtres, une grande sévérité d'ornementation dans les tapisseries,

1. *Mémoires pour servir à l'histoire des mœurs et usages des Français,* par Ant. Caillot. Tome II. Paris, 1827.

tout un mobilier qui repousse l'idée d'une fortune nouvelle; un grand feu sous une vaste cheminée, des candélabres à sept branches, point de lampes. — De vieux serviteurs en livrée introduisent les invités, tous hommes de politesse scrupuleuse et de grande affabilité. Dans les salons, on a disposé trois bostons, un piquet, une table d'écarté pour les jeunes gens de la maison. Les personnes âgées causeront prés de l'âtre, sur l'indemnité des émigrés, sur M. de Villèle et son trois pour cent, sur le général Foy et l'empereur Alexandre, sur Bonaparte, Sainte-Hélène et les Bourbons, sur M. de Chateaubriand et Benjamin Constant; en un mot, sur quantité de questions à l'ordre du jour.

Dans les salons de la petite bourgeoisie, on se réunit sans façons, on sert le thé et les meringues à la crème et l'on se groupe autour d'une vaste table pour jouer au *Schniff,* au *Chat qui dort, au trottain, à la peur, à l'as qui court* et autres petits jeux qu'égayent les lazzis des compères.

Le luxe dans les appartements commençait à se généraliser vers 1820; les salles à manger les plus riches étaient revêtues de marbre, d'autres de stuc, avec des attributs mythologiques où Cérès et Pomone se disputaient les dessus de portes. — Au milieu, une table d'acajou massif, quelques buffets à hauteur d'appui et des chaises couvertes de velours noir ou d'un tissu de crin ; aux fenêtres, des rideaux blancs garnis d'un simple effilé de coton ou d'une large frange de laine rouge.

Quelques salons étaient peints, d'autres tapissés avec une profusion de vastes glaces sur les murs ; des sièges de bois dorés recouverts de points. Les rideaux de croisées, toujours de couleur, avaient pour support un thyrse, un carquois d'or très long, un arc ou deux flèches qui se croisaient par la pointe. Sur la cheminée, une pendule de marbre, garnie d'une statuette généralement mélancolique, Calypso rêveuse ou Ariane abandonnée, plusieurs flambeaux ; au plafond, un lustre de bronze doré avec pendeloques et guirlandes de cristal taillé.

La chambre à coucher d'une Parisienne était surtout meublée avec recherche ; on la considérait comme une sorte de salon, et les maris attachaient une très grande importance à ce que cette pièce excitât l'admiration des étrangers. Cette chambre se composait habituellement d'une commode, d'un secrétaire, d'un chiffonnier, d'une glace en écran dite *Psyché* et, auprès du lit, d'un *somno*. Il n'était pas rare de voir un piano dans cette chambre ; au fond de l'alcôve on plaçait une glace de la longueur même de la couche. Comme tout était destiné à la représentation, le cabinet de toilette était très simple, mais sans entente du confortable ; les femmes de la

Restauration n'avaient aucun sentiment des arrangements ingénieux ; rien ne sentait chez elles le nid capitonné avec amour et grâce ; tout était froid, nu et presque virginal. Les canapés, les fauteuils, les lits même semblaient repousser l'abandon et la caresse, tant la forme en était roide, sévère, on pourrait même dire *prude ;* on rêvait dans le bleu de l'idéal, mais il est douteux qu'on y pût dénouer des passions autres que les larmoyantes invocations à l'*Oberman* ou des galanteries peu dangereuses, à la manière de Louis XVIII.

Un écrivain qui signe l'*Indécis* a laissé dans le *Journal des dames et des modes* de 1817 un frais pastel de la jeune Parisienne de ce temps : « Elle a de beaux cheveux blonds relevés en nattes sur la tête ; un petit kachemire est jeté négligemment sur ses épaules, son cou est d'une blancheur éblouissante et ses yeux tour à tour brillent d'un feu vif qui vous pénètre, ou sont d'une langueur qui vous enchaîne.

« Elle est svelte et légère, sa taille est souple et voluptueuse ; quand elle est à sa harpe, elle se balance en préludant avec un art qui vous transporte ; c'est Sapho, c'est Corinne !

... Quel nom ai-je prononcé : *Corinne !* Ah ! mes yeux se remplissent de larmes et ces accords mélancoliques, ces jours harmonieux, cette voix ravissante ont porté le trouble en mes sens...

« On sonne, on vient ; c'est une marchande élégante, chargée de fleurs et de collerettes. Mille essences parfument sa corbeille. Les garnitures sont jetées sur la harpe, sur les chaises, sur le parquet. On essaye une jolie capote, on fait quelques pas devant la glace, on boude, on s'examine, on rit, on gronde, on renvoie tout cela, tout cela est affreux ! On s'étend sur le canapé, on prend un livre, on lit, ou plutôt je crois qu'on ne lit pas, on me regarde, je m'approche, on se lève furieuse, on m'ordonne de sortir, on a la migraine, on s'appuie sur moi ; on souffre ; on est malheureuse..., excessivement malheureuse.

« Justine entre discrètement, apportant une lettre à sa maîtresse ; elle l'ouvre avec inquiétude, je veux la voir, elle la déchire, il faut répondre, elle tire de son sein un petit livret dont elle déchire un feuillet ; elle écrit au crayon deux mots, deux chiffres, deux signes symboliques ; je me fâche à mon tour de ces mystères, je veux savoir..... *Je veux savoir !...* Voilà bien un mot de mari. On se moque de ma colère, on se met à son métier, on veut être calme, on brode sur le coin d'un mouchoir une guirlande de myrte et de roses, l'amour est à l'autre coin avec ses ailes et son carquois. Les jeux et les ris sont aux angles opposés, c'est un dessin tout à fait anacréontique, et les sujets sont pris dans les vignettes du petit Almanach des Dames.

« Mais déjà le mouchoir et le métier sont bien loin ; on fait avancer la calèche, on s'élance sur le trône roulant ; dans cet élan rapide toutes les formes sont dessinées ; l'œil attentif aperçoit au haut d'une jambe divine une jarretière historiée et à rébus.

« Entraîné, attiré, étourdi, ébloui, je monte aussi dans la calèche ; on va aux Montagnes Beaujon, aux Champs-Élysées, aux Tuileries, au *Combat des Montagnes*, chez Tortoni, au boulevard de Gand. Je me perdrai dans le tourbillon sans le bel astre qui me conduit et qui m'éclaire. »

Tel est le croquis d'une demi-journée de mondaine en l'an de grâce 1817.

Dès le mois d'août 1815, le *Boulévard de Gand* était devenu le rendez-vous ordinaire de la classe opulente ; il attirait non seulement la foule, mais la cohue la plus impénétrable que l'on puisse imaginer ; on s'y donnait rendez-vous sans-pouvoir s'y joindre. Cette partie du boulevard, cette *allée*, comme on disait alors, présentait aux regards des curieux le double spectacle de la beauté parée de tous ses charmes et de la coquetterie déployant publiquement jusqu'à ses moindres ressources. La petite-maîtresse venait là pour faire l'essai de sa toilette et montrer tour à tour sa robe brodée à jour, son chapeau de gros de Naples, ombragé de marabouts fixés par une rose à cent feuilles, son pardessus écossais et ses cothurnes de satin ; l'homme à bonne fortune, le vainqueur des salons y racontait ses conquêtes passées et ses projets futurs ; le banquier y marchandait l'emploi de quelques heures de sa journée, et la petite bourgeoise ambitieuse s'y glissait à la dérobée pour épier les secrets de la mode, afin de retourner gaiement chez elle exploiter la faiblesse conjugale et prélever tendrement un impôt sur les revenus incertains de son époux. — Toute femme sortait foulée, chiffonnée de cet encombrement du boulevard, trop heureuse encore si la moitié d'une garniture de robe n'était pas enlevée au passage par l'éperon d'acier que le bon genre mettait aux talons de tous les jeunes élégants, qu'ils fussent cavaliers ou non.

Du boulevard de Gand on se rendait chez Tortoni qu'on venait de remettre à neuf et dont les salons brillaient d'éclat sous leurs lambris blancs et or. Les femmes étaient accoutumées à entrer dans ce café qui semblait leur être réservé ; on y voyait toute la jeunesse aimable de la capitale, et il était d'usage de passer là une heure à déguster lentement le punch ou les sorbets en grignotant des gaufrettes. On déjeunait chez Tortoni mieux qu'au café Anglais, ou que chez Hardy, Gobillard et Véfour. On prenait des *riens*, des *misères*, des papillotes de

Levraud ou des scalopes de saumon ; mais tout cela était touché par la main d'un chef délicat. Les habitués de Tortoni se divisaient en deux classes bien distinctes : les boursiers et les fashionables, dont la plupart appartenaient à la race des *béotiens*. Les premiers arrivaient sur les dix heures ; ils déjeunaient légèrement, puis commençaient le jeu avec fureur : *J'ai quinze cents! — Je les prends fin courant à soixante-cinq quarante. — J'offre des Cortés à dix et demi!... — Qui veut des ducats à soixante-seize cinquante?* Et ainsi, de onze heures à une heure ; on criait, les paroles se croisaient, l'agio allait son train ; il se trafiquait aussi à Tortoni une masse énorme de rentes sur parole.

A l'étage au-dessus, le clan des *gants jaunes* se réunissait ; on ne voyait là que bottes pointues garnies d'éperons, fracs anglais, pantalons à guêtres et badines à la main. On causait chiens, chevaux, voitures, sellerie, courses, chasses. C'était le salon des *Centaures*.

Vers l'après-midi, centaures et financiers se retrouvaient parfois, le cigare aux lèvres, sur la balustrade de bois, en forme de perron, qui séparait le café du Boulevard, à l'heure de l'affluence et des équipages, quand il semblait de bon ton de citer le nom de toutes les femmes qui descendaient de voiture à la porte du glacier-restaurant.

Sur la fin de l'été 1816, on se portait, après

l'heure de Tortoni, sur le quai Voltaire afin de voir fonctionner le premier bateau à vapeur destiné au service de Rouen. Les petites dames et les gandins descendaient de leur cabriolet ou de leur tilbury et se faisaient conduire dans un canot jusqu'à la machine d'invention nouvelle; là, ils faisaient mille questions d'un air d'indolence et d'indifférence sur le mécanisme et, sans attendre de réponse, ils regardaient couler l'eau et lorgnaient sur les ponts, dans la direction des bains Vigier, qui étaient encore dans la vogue la plus grande; puis ils remontaient dans leurs voitures pour se rendre au bout du boulevard du Roule, sur l'ancienne route de Neuilly, au *Jardin des Montagnes Russes.*

Ces montagnes aériennes étaient la grande folie du jour; chaque quartier de Paris eut peu à peu ses *Montagnes* qui étaient offertes avec orgueil à l'affluence des amateurs. On en éleva au faubourg Poissonnière, à la barrière des Trois-Couronnes, aux Champs-Élysées, sur le boulevard Montparnasse. Partout, la foule se portait avec un empressement qui justifiait les calculs des entrepreneurs. Le goût des Montagnes gagnait jusqu'aux dernières classes de la société; l'artisan et la grisette dégringolaient en espérance tout le long de la semaine, et s'en dédommageaient le dimanche par la réalité. On imita les Montagnes russes, on fit les *Montagnes suisses.* La vogue suivit longtemps les entrepreneurs, et les auteurs dramatiques portèrent sur la scène cette fureur du jour qui ne disparut guère qu'aux approches de 1835. On joua, on chanta, on mangea même les *Montagnes russes;* elles inspirèrent des couplets fort gais au chansonnier Oury et un tableau curieux pour le théâtre du Vaudeville; enfin elles baptisèrent un bonbon nouveau, d'un goût exquis, qui fit la fortune de deux confiseurs dont la renommée *vola de bouche en bouche.*

Tout le beau monde se rendait aux *Montagnes* du jardin Beaujon; on allait y faire admirer sa toilette et y étaler ses grâces en glissant dans le chariot, debout, agitant un schall au-dessus de sa tête comme une nymphe de la danse. On montait en chariot par couple, mari et femme, amant et maîtresse; puis on se laissait dégringoler avec fracas, dans un tourbillon, serrant de près son cavalier, le plus souvent poussant de petits cris d'effroi qui divertissaient les spectateurs; on applaudissait aux courageuses et parfois imprudentes entreprises des femmes sveltes et hardies qui descendaient des montagnes aériennes comme des sylphides, mais on riait d'autre part, on se pâmait de joie ironique lorsque quelque grosse dame obèse s'ingéniait de monter en char et de rouler effarée dans les spirales et les courbes de ces précipices avec le bruit de tonnerre de sa chute.

A côté des Montagnes du *Jardin Beaujon* était un restaurateur qui faisait chair délicate. Le riche banquier, le prodigue marquis, le lord puissant, la coquette légère y trouvaient d'élégants cabinets préparés à leur intention, où ils goûtaient la joie indicible de jeter avec folie l'argent par les fenêtres.

. Les plaisirs sous la Restauration étaient donc nombreux ; à l'extrémité du grand carré des Champs-Élysées, le jeu de paume avait repris ses droits ; on jouait aux boules et aux quilles avec passion, ce dernier amusement se nommait aussi le *jeu de Siam;* l'industrie parisienne avait encore inventé la balançoire du jeu de bague. De tous côtés, ceux que n'abrutissaient pas les tripots du Palais-Royal se livraient aux exercices physiques, à la natation, à l'équitation, à la course et achevaient de fortifier cette forte génération de 1830, qui peut être considérée à bon droit et à différents titres comme la plus glorieuse de ce siècle étonnant.

La Restauration avait surtout apporté une nouvelle forme d'équitation ; le long séjour en Angleterre d'un grand nombre d'émigrés leur avait fait adopter, entre autres modes du Royaume-Uni, celle de se tenir d'une certaine manière sur un coursier et d'en diriger l'allure. Aussi, tout — dans les cavalcades et la plupart des équipages de la Cour — fut bientôt à l'anglaise. L'art français d'équitation fut exclu un instant des manèges, et dans les promenades publiques, sur les boulevards, au bois de Boulogne, on ne vit que des cavaliers qui, d'après les principes imposés, obéissaient à tous les mouvements de leur cheval; on n'aperçut que des jockeys, en culotte de peau, montant des coursiers anglais. L'équitation s'était tellement développée qu'on put former un régiment complet de la garde nationale à cheval, exclusivement composé de gentlemen et dont le costume était on ne peut plus gracieux.

La Restauration, en favorisant les exercices du corps dans la jeunesse parisienne, rendait en même temps un service réel à la morale publique. La débauche était moins forte que sous l'Empire, partout une réaction heureuse s'opérait; la plupart des bals en permanence, qui n'étaient qu'un prétexte à la prostitution, étaient abandonnés ou fermés; la censure théâtrale, en veillant à ce que les bonnes mœurs ne fussent plus outragées, avait arrêté les obscénités que les saltimbanques débitaient sur des tréteaux, en public, et qui, aussi bien par les gestes que par les chansons, ne donnaient que de trop tristes leçons de débauche au bas peuple qui s'assemblait pour les applaudir et s'en égayer.

Au milieu de tous les plaisirs et de toutes les fêtes des règnes de Louis XVIII et de Charles X, les femmes apportèrent un fonds de tristesse, de désabusement, de mélancolie qui leur faisait décrier partout les vains plaisirs du monde. A entendre leurs gémissements, leurs phrases sentimentales et philosophiques sur le bonheur de l'indépendance et de la tranquillité sédentaire, on les eût prises pour d'infortunées victimes des conventions sociales. Toutes rêvaient en apparence une vie simple, champêtre, solitaire, un bonheur intime à deux, dans un désert qu'on peuplerait d'amour et de tendresse. Elles se donnaient pour sacrifiées aux exigences du monde, à la situation de leur mari, à l'avenir de leurs filles qu'il fallait cependant conduire au bal; cette vie fiévreuse, tissée de banalités, faite de mensonges et de fadeurs, cette existence assujettissante où elles gaspillaient leur âme et leur esprit était, d'après leur dire, contraire à toutes leurs aspirations élevées et à leurs sentiments les plus intimes. Que de soupirs, que de larmes discrètes ces belles incomprises laissaient passer entre leurs lèvres boudeuses ou couler de leurs yeux attendris! — Dans leurs discours, la société de Mme X*** était mourante; elles étaient excédées de dîners et de bals, elles ne cessaient de se lamenter sur la nécessité de se parer, de passer journellement quatre heures à leur toilette; elles déclaraient trouver la Comédie française insipide, l'Opéra ennuyeux, Brunet et Potier pitoyables, Monrose navrant, Perlet flegmatique et énervant, Bobêche de mauvais ton, et, cependant, elles se ruinaient en schalls, en habits, en chiffons; elles demandaient avec ardeur des présentations et des billets; elles intriguaient pour être de toutes les fêtes et, de fait, elles se prodiguaient autant que possible dans tous les festins, concerts, spectacles et raouts de rencontre.

C'est que, à vrai dire, la femme de la Restauration, — ainsi que la femme de tous les temps, — était curieuse d'inconnu, assoiffée d'étrange, amoureuse d'imprévu; elle allait partout à la recherche d'une sensation forte, d'une commotion subite, et elle n'ignorait pas que, pour trouver l'amour, il fallait en tous lieux déployer cette coquetterie provocante qui demeurera toujours dans les vanités et la légèreté du monde comme les prolégomènes nécessaires de l'éternel *Art d'aimer*.

ÉLÉGANCES ROMANTIQUES

ÉLÉGANCES ROMANTIQUES

E que furent *la femme à la mode* et *la femme élégante* aux époques romantiques, un bas bleu à coins Renaissance, Mⁿᵉ Eugénie Foa, collaboratrice du *Livre des Cent et un*, nous l'apprendra, avec ce petit ton sec, gourmé et pincé qu'on retrouve presque toujours dans les physiologies de femmes écrites par des contemporaines :

« Pour être femme à la mode, et cela n'est pas si aisé, je vous assure, — dit l'excellente Mⁿᵉ Foa, — il faut avoir un peu plus de vingt ans, un peu moins de trente ; grasse ou maigre, n'importe, blonde ou brune ou châtaine, la couleur n'y fait rien ; seulement la brune aura quelques heures de durée de plus que la blonde.

« La femme à la mode est toujours mise avec simplicité et élégance ; jamais de bijoux... La prévoyante créature les gardera pour se faire remarquer quand son règne sera passé.

« La femme à la mode prendra ses chapeaux chez *Simon*, ses bonnets chez *Herbeault*, ses souliers chez *Michaël*, ses bottines chez *Gilot*, ses gants chez *Boivins ;* elle ne portera que des fleurs de *Batton* et des plumes de *Cartier*.

« La femme à la mode n'a pas de tailleuse attitrée, c'est elle qui invente une coupe, ou la fait valoir ; pourtant une fois, mais une seule fois, observez bien, elle fera faire une robe chez *Palmyre*, jamais deux ; Palmyre se répéte, et il est désolant de trouver dans un bal trois robes dont la physionomie soit en rapport avec la vôtre..., c'est à vous en donner des vapeurs.

« La femme à la mode arrive au bal ; en descendant de voiture, on l'engage à danser ; sur l'escalier. on l'engage ; sur le palier, on l'engage ; on l'avait engagée la veille, l'avant-veille, au bal dernier ; elle a plus d'invitations en entrant dans la salle qu'on ne dansera de contredanses toute la nuit.

« Puis la femme à la mode se voit entourée à ne pouvoir respirer, engagée à ne savoir auquel répondre, suffoquée de compliments, si les complipliments suffoquent, et, enivrée d'encens (l'encens enivre), c'est charmant.

« Elle reste peu dans un bal, comme un éclair, le temps d'éblouir, et puis voilà ; ce même effet, elle le répète dans deux ou trois bals, s'en va, rentre de bonne heure, bien avant que la fatigue et la danse aient abattu l'éclat de ses yeux, défrisé ses cheveux, débrillanté sa robe. — Il faut que l'on puisse dire d'elle : « Elle n'est venue qu'un instant, elle a tant d'invitations, tant de devoirs de société à remplir ! A peine si on l'entrevoit ; mais jamais, jamais elle n'a été si jolie. »

« La femme à la mode se lève tard, passe ses matinées chez elle, soigne son ménage, si elle n'a ni mère ni belle-mère pour cela ; ou elle soigne ses enfants, si elle en a, ou elle peint, fait de la musique, car, au XIXe siècle, les femmes font de tout cela et l'avouent... Vers quatre heures, elle monte dans son carrosse qui la conduit au Bois, à la porte duquel l'attend ou ne l'attend pas un cheval tout bridé pour elle, que tient en laisse son domestique galonné, monté lui-même sur un beau cheval. Puis à ses côtés caracolent quelques cavaliers, sept ou huit étourdis, ses danseurs de la veille.

« Fait-il mauvais temps ? Madame va faire des visites, des emplettes. Puis le dîner, puis les Bouffes ou l'Opéra, de là au bal, et ainsi de suite jusqu'au printemps, époque à laquelle la femme qui se res-

pecte, la femme qui tient tant soit peu à sa réputation, quitte Paris, va à la campagne et n'en revient
plus belle et plus fraîche que jamais qu'au commencement de l'hiver. »

Comme on le voit, ce petit croquis est bien vague
et vaporeux ; Mme Eugénie Foa ne le fixa par aucun
trait définitif, et il nous reste à le reprendre et à le
développer pour mieux pénétrer dans l'accent et la
couleur locale même du moment.

La femme à la mode en 1830 est une de ces
femmes de trente ans, chantées par Balzac et dont
la beauté rayonne de tout l'éclat de son été parfumé.
De nature froide en apparence et uniquement amoureuse de soi-même, elle veut se réchauffer aux hommages du monde, et elle dresse ses vanités en espa-
lier, afin de recevoir de toutes parts les caresses
enivrantes du faux soleil de la flatterie ; ce qu'elle
cherche, ce sont des émotions et des jouissances de
coquette. Pour conserver cette place de femme à la
mode dans un temps où la gloire est si capricieuse,
il lui a fallu autant d'habileté que de bonheur, autant d'adresse que de beauté, autant de calculs que
de chances favorables ; elle a dû faire abstraction
de ses caprices, de ses fantaisies, presque de son
cœur. Pour maintenir ce pouvoir envié et attaqué
de femme à la mode et qui est chaque jour remis en

question comme le pouvoir d'un premier ministre, elle doit équilibrer sa vie avec prudence et politique.

— Pénétrons, si vous le voulez bien, chez une femme à la mode dès l'heure tardive de son lever.

De légers nuages, d'une vapeur parfumée, s'élèvent d'une corbeille de fleurs soutenue par un trépied doré, et le flambeau d'un petit amour, tout façonné d'émaux et de pierreries, répand dans la chambre de la jeune endormie l'incertaine clarté d'une veilleuse. Cette douce lueur, tantôt reflétée dans les glaces, tantôt se balançant sur des draperies azurées, pénètre le mystère d'une mousseline transparente et éclaire un piquant désordre, vestige de plaisirs, d'élégance, de coquetterie, de sentiment peut-être, de tout ce qui révèle enfin le joli nid d'une femme heureuse. Des kachemires suspendus aux patères, vingt nuances de gazes et de rubans qui attendent un choix; des livres et des plumes, des fleurs et des pierreries; des extraits d'ouvrages et de manuscrits commencés; une broderie sur laquelle une aiguille s'est arrêtée; un album rempli de croquis et de ressemblances inachevés; puis les meubles somptueux, les ornements gothiques, les peintures aux fraîches et douces images, et la pendule emblématique qui sonne onze heures du matin et vient porter le réveil dans cette alcôve où repose tout ce que la jeunesse et la grâce peuvent réunir de séduisant sous les traits d'une femme à la mode.

La belle s'éveille lentement, ses yeux errent incertains dans le demi-jour de la chambre, elle s'étire langoureusement dans la chaleur moite des draps; elle passe, comme une caresse, sa main sur son front brûlant encore des fatigues de la veille; ses lèvres s'entr'ouvrent pour donner place à un léger et nonchalant soupir. Elle sonne enfin ses femmes de chambre pour procéder à son premier négligé, composé d'un peignoir en jaconas blanc, ayant une toute petite broderie en tête de l'ourlet, une chemisette en batiste à collet rabattu, garnie de valenciennes, et des manchettes ornées de même. Elle ajoute à cela un petit tablier en gros de Naples, nuance cendrée, brodé tout autour d'une guirlande en couleurs très vives; un fichu de dentelle noué en marmotte sous le menton, puis des demi-gants couleur paille, brodés en noir. Elle chausse enfin des pantoufles en *petits points,* entourées d'une faveur plissée à petits tuyaux, comme les portait Mme de Pompadour, et ainsi vêtue, elle se rend à la salle à manger où le déjeuner est servi : un déjeuner mignon, léger, qu'on dirait composé d'œufs de colibri, un doigt de vin de Rancio pour mouiller ses lèvres..., ce sera tout.

L'après-midi, l'élégante à la mode revêtira, aux premiers jours de printemps, une robe en chaly semée de bouquets ou de petites guirlandes formant colonnes ; le corsage drapé ou à schall, en dedans un canezou à longues manches en mousseline brodée.

Elle prendra une écharpe en gaze unie, une ceinture et des bracelets en rubans chinés; sur sa tête elle jettera coquettement un chapeau de paille de riz orné d'un simple bouquet de plumes, et, chaussée de bottines en gros de Naples couleur claire, elle descendra se blottir dans un brillant équipage pour parcourir la ville et faire quelques visites à diverses coquettes en renom, dont le jour de réception est marqué sur son petit agenda d'ivoire.

Dans ces visites on parle de toutes choses, on demande quelle grâce nouvelle la mode va donner aux fleurs et aux rubans, on écoute la lecture de quelque pamphlet du jour ou d'un poème aux vaporeuses fictions; on parle peinture, musique; on discute les doctrines, on médit de son siècle et on fait passer sur ses lèvres de rose tous les discours d'un machiavélisme à la mode; cela posément, correctement, en ménageant ses gestes, en faisant valoir le chiffonné de sa jupe, la petitesse de son pied, la fine cambrure de sa taille, l'élégance de sa main gantée; on parle surtout chiffons et théâtres.

« Marquise, avez-vous lu *le Bon Ton* de ce matin? — Non, chère Baronne, et cependant j'y suis abonnée, ainsi qu'à *la Gazette des salons* et au *Journal des Dames et des Modes...* — On y donne une mode nouvelle dont je n'ai encore vu qu'un modèle au thé de mylord S..., qui a pu donner cette description au journaliste?... Figurez-vous, chère belle, une robe en velours ponceau, avec corsage à la grecque entouré d'une petite broderie d'or; sous les plis de ce corsage parfaitement soutenu et formant godets comme dans les costumes antiques, se voyait un corsage de satin blanc, entouré aussi d'une petite broderie d'or qui servait de tête à une blonde haute de quelques lignes seulement et posé à plat. Une double draperie en velours, relevée et pincée sur l'épaule par une agrafe d'or façonnée, retombait sur une manche de blonde à dessins de colonne et froncée au poignet... — Mais c'est purement délicieux, baronne? — Attendez, ce n'est pas tout; pour compléter ce costume d'un genre tout odalisque et enrichi encore par de superbes diamants, on avait ajouté un turban, gaze blanche et or, orné de deux membranes d'oiseau de paradis, dont l'une était attachée contre le front, l'autre sur la tête en sens inverse. — Dieu! la divine toilette! — Aussi bien, Marquise, suis-je encore dans l'indécision si je l'adopterai, quoique je sois de petite taille et qu'elle ne convienne qu'à ces colosses de femmes de l'Empire, qui ont toutes les fadasseries possibles à côté de leur coquetterie.

« Baronne, étiez-vous à l'Opéra avant-hier? — Mais assurément, on donnait *Robert,* dont je raffole; ces flots de pénétrante et ravissante harmonie me grisent le cœur; je trouve Mme Damoreau faible cependant, et Nourrit exagéré et je regrette Levasseur et Mlle Dorus. — Pour moi, je me réserve, Baronne, au plaisir de voir la Taglioni dans la *Syl-phide;* il paraît qu'elle y exerce une irrésistible attraction et que les soirs où elle paraît, il y a foule. — Comment, ma chère petite, vous ne l'avez point vue encore...; mais c'est insensé! hâtez-vous vite... »

Ainsi se succèdent les conversations dans les visites d'une femme à la mode, sans compter qu'on y torture l'esprit, qu'on y exploite la médisance, qu'on y minaude sans fin, qu'on y vante de vieilles gloires de la fashion sans pouvoir se décider à ériger de jeunes triomphes; aucun naturel, mais beaucoup d'afféterie et de dissimulation habile. Les phrases à la mode ont cours forcé. *Avez-vous vu le dey d'Alger? Don Pedro? La jeune Impératrice du Brésil?* telles sont les questions du jour et, à moins d'être sauvage, il faut répondre qu'on a vu ce dey détrôné, qui s'intitule par ses cartes de visite *Hussein, ex-dey d'Alger,* qui dîne avec deux poules cuites à l'eau et qui enferme ses femmes comme des billets de banque; il faut encore insinuer que don Pedro a l'air noble, froid, quelque peu mélancolique et que sa tournure élégante se dessine à ravir dans son habit militaire. On ajoute, pour n'être point taxée de provinciale, que sa jeune et jolie femme a le front radieux de grâce et de jeunesse et qu'elle n'avait point besoin pour briller de l'éclat d'un diadème.

Notre élégante à la mode, ses visites faites,

trouve la possibilité de se rendre à l'exposition des tableaux pour y observer les efforts de notre jeune école. Son isolement ne l'arrête pas, car le temps est passé où une femme redoutait de se rendre seule dans une institution publique; de plus, elle est assurée d'y rencontrer quelques jeunes dandys, la fleur des pois des salons parisiens, qui papillonneront autour d'elle et analyseront le coloris des peintures en sa compagnie. Elle est assimilée, par la vie de romantisme à outrance du moment, à toutes les élévations et elle se croit susceptible de prétendre à tous les succès. Elle partage, à son idée, avec les hommes, l'indépendance du génie, et elle répudie la mesquinerie des préjugés comme une sotte superstition. Elle n'a rien à craindre : un fat ou un écolier pourraient seuls ignorer encore que suivre une femme n'est plus qu'un ridicule hors de mode.

Au Salon de peinture, Horace Vernet, Delaroche, Decamps, Couture, Ingres, Delacroix, Scheffer, Dubufe, sont les noms qui résonnent cent fois à son oreille, alors qu'elle parcourt les longues salles garnies des tableaux de l'année; la *Marguerite* de Scheffer la retient un instant et elle se mêle aux groupes qui discutent sur le mysticisme de coloris que le peintre emprunte à Gœthe, et sur le charme étrange et vaporeux de cette composition. Paul Delaroche fixe également son attention avec sa *Jeanne Gray,* dramatique comme un cinquième acte de tragédie. Le bourreau excite son enthousiasme, elle apprécie surtout l'expression indéfinissable et touchante de la pauvre Jeanne; autour d'elle, on raconte que le modèle dont le peintre se serait servi pour mettre en relief la charmante suppliciée n'est autre que Mlle Anaïs, la belle sociétaire de la Comédie-Française, et, pour être au fait de toutes choses, elle donne aussitôt aux amis de rencontre l'anecdote pour véritable et comme la tenant de l'artiste même.

La coquette étourdie, grisée, rentre enfin chez elle, se fait déshabiller et livre sa tête à son coiffeur, artiste en renom qui est à la fois physionomiste, chimiste, dessinateur et géomètre. Celui-ci — autre bourreau — s'empare aussitôt de la tête, en examine attentivement toutes les formes ; le compas à la main, il trace des contours, des angles, des triangles ; il observe les distances entre les angles du front, s'assure des proportions de la face et s'applique à bien saisir les rapports entre les deux côtés du front et les deux côtés de la face, qui commencent sa chute et se terminent au-dessous des oreilles. Il imagine alors un genre de coiffure qui tempère ce que la physionomie de la belle a de trop piquant, il crée un retroussé *à la chinoise,* qui lisse les cheveux sur la tempe et laisse au front tout son éclat et sa pureté de dessin. Parfois aussi, selon sa fantaisie, il tresse des nattes, des coques étourdissantes

et pyramidales qu'il étage savamment sur le sommet de la tête, laissant sur les côtés deux masses de
petits bandeaux semblables à des grappes qu'il frise
et bouillonne avec un art charmant.

Aux questions de sa cliente, le coiffeur répond
d'un ton doux et respectueux ; il n'attend pas toujours qu'on l'interroge et il raconte volontiers les
anecdotes qui sont venues à sa connaissance ou qu'il
a apprises par la lecture des journaux. Le coiffeur
de 1830 est essentiellement romantique, mais il a
l'art de se montrer selon les milieux, ou ministériel,
ou libéral, ou royaliste ; il cite indistinctement la
Quotidienne, le *Drapeau blanc* ou le *Journal des
Débats.* Lorsqu'il a disposé avec goût sur l'édifice
qu'il vient d'élever si délicatement, des fleurs, des
plumes, une aigrette, des épingles à pierres fines ou
un diadème, Figaro se retire, et notre élégante passe
alors une robe d'organdi peint, à manches courtes,
avec corsage décolleté à la Vierge ; elle prend discrètement quelques diamants, boucles d'oreilles et collier, et daigne alors se faire annoncer que Madame
est servie.

Le dîner d'une femme à la mode n'est pas long ;
la gastronomie n'est pas un plaisir qui convienne
à ses goûts; le positif de la vie en est devenu l'acces-
soire ; elle aime à penser, elle veut une existence
tout intellectuelle, des jouissances qui répondent
aux progrès de son imagination affinée. Ce qui fait

palpiter ses sens, ce ne sont pas les soupers fins, les
mets recherchés; en ce temps de byronisme, la
mode n'est plus là : il est de suprême bon ton de
mourir de faim et de boire la rosée du ciel. Il lui
faut les débordements de la politique et ses frémis-
santes émotions, les exagérations de la poésie féroce, les invraisemblances amoureuses de la scène,
les poignantes sensations des drames sanguinaires.
Elle se plaît dans ce délire d'actions et de pensées,
dans les extravagances du rêve ; elle ne se déclare
satisfaite de l'existence qu'autant qu'elle se trouve
saccadée, échevelée, surmenée, par les plus terri-
fiantes impressions.

Le soir, notre coquette mondaine se rend au
théâtre, avant le bal ; elle va de préférence à la
Comédie ou à la *Renaissance* se saturer des tableaux
de l'école des outranciers ; elle ressent toutes les
passions des héros du romantisme; elle partage
leurs ivresses et leur agonie. Ces crimes, ces
étreintes amoureuses, ces larmes, ces supplices,
ces voluptés, ces bizarreries, ces tortures apportent
à son cœur délices et angoisses à la fois.

Elle se sent dans sa loge dégagée de toutes les
contraintes d'une société artificielle, et dans ce moment de repos, elle aime à retrouver ses naturelles
émotions, ses sentiments innés, ses pensées non
factisées par les relations mondaines. Elle applaudit
de toutes mains et de toute âme aux tirades géné-

reuses, aux tempêtes amoureuses, aux heureux dé-
nouements; puis, quand le rideau est tombé, la
femme à la mode trouve tout noir et tout vide autour d'elle ; à peine regarde-t-elle son *cavaliere ser-*
vante qui lui semble étriqué et mesquin. Elle sort, le
monde la reprend, l'accapare ; elle se couche le soir
sous sa cornette de dentelle, la tête bourdonnante
d'illusions, le cœur bruissant de vague comme un
coquillage creux; mais demain, à son réveil, elle
pensera avoir rêvé la veille au soir, et reprendra la
livrée de la Mode qui fait d'elle une Reine éphémère et dépendante, une véritable idole publique.

Il n'y avait point de réunion où les femmes ne
fussent admises à Paris sous la monarchie de Juillet ;
dans tous les cercles, elles avaient droit à prendre
rang, soit par leur mérite, soit par leur beauté.

Aux bals, à la Chambre des députés, aux spectacles et aux prédications saint-simonistes, aux
Athénées, au bois de Boulogne, enfin partout où se
rencontrait quelque agitation d'esprit ou d'industrie,
on était sûr de trouver des femmes. La Bourse
même leur inspirait des idées spéculatives que l'on
comprenait difficilement en regardant l'expression
légère et frivole de leur physionomie. Voici comment s'exprime à ce sujet un grave journal, *le Con-*
stitutionnel de novembre 1831 :

« La manie de la Bourse a pris depuis quelques mois un accroissement extraordinaire; elle gagne les dames elles-mêmes qui comprennent aujourd'hui et emploient, avec autant de facilité que l'agent de change le plus consommé, les termes techniques du parquet. Elles raisonnent la prime et le report comme les vieux courtiers marrons. Tous les jours, d'une heure et demie à trois heures et demie, les galeries de la Bourse sont garnies d'une foule de dames élégantes, qui, l'œil fixé sur le parquet, correspondent par gestes avec les agents de change; il s'est même établi des courtiers femelles qui reçoivent les ordres et les transmettent au commis, qui viennent les prendre à l'entrée de la Bourse. Nous ne voulons pas nommer la plus remarquable de ces dames; elle a obtenu de bien jolis succès sur un théâtre et fait une grande fortune qu'elle vient elle-même exploiter à la Bourse[1]. » — Les femmes qui allaient à la Bourse adoptaient un costume sévère et de circonstance, presque toujours composé d'un manteau, d'une capote en velours avec voile de blonde noire; dans la ceinture, elles plaçaient un petit carnet de bois de santal avec son crayon d'or.

Les dimanches, aux prédications des Saint-Simonistes, dans la salle Taïtbout, les élégantes remplissaient toutes les premières loges du rez-de-chaussée.

1. C'est probablement d'Alice Ozy qu'il s'agit.

La mode était venue de se rendre à ces réunions de Saint-Simonistes, soit pour analyser la nouvelle doctrine, soit pour en combattre les principes, soit encore pour jouir de l'entraînement d'une éloquence vraiment remarquable ou apprécier le mérite d'une nouvelle idée présentée dans un cadre brillant. La plupart des femmes qui se trouvaient là voulaient principalement se mettre au courant de la conversation à la mode, et comprendre autant que possible comment la *communauté* pouvait un jour remplacer l'*hérédité*. Tous les sophismes séduisants de la nouvelle religion étaient débités par de jeunes apôtres enthousiastes qui avaient des succès d'homme et d'orateur à la fois. Les rites saint-simoniens n'excluaient pas du reste la coquetterie ni la grâce, à en juger par la rare élégance des plus fougueuses sectatrices qui composaient ce nouvel aréopage. On retrouvait tout ce qu'Herbaut, Victorine, Palmyre et Mme Minette, les hautes réputations à la mode, faisaient de mieux en coiffures, robes et rubans. Comme pour ces réunions les manteaux étaient embarrassants, ces dames avaient adopté de préférence des douillettes en satin gros d'hiver ou des robes guimpes en velours avec kachemires et boas.

A la Chambre des députés, c'était un contraste piquant que celui de tant de physionomies gracieuses et de tournures élégantes réunies dans une enceinte où ne s'agitaient que de graves questions et des discussions diplomatiques. Là, comme dans les grandes fêtes d'hiver, on distinguait les femmes le plus en réputation pour le luxe et les succès du monde. Il y avait des tribunes où l'on n'apercevait que des plumes, des kachemires et de riches fourrures, des douillettes de satin d'Orient, des redingotes en velours de soie, des manteaux de Thibet ou d'étoffes damasquinées. A la sortie des séances, avant de prendre place dans leurs équipages, ces dames jasaient de questions du jour, parlaient chiffons, détaillaient réciproquement leur toilette et apportaient sur le péristyle du temple des lois une grande gaieté et comme un gazouillis charmeur d'oiseaux.

La mode de monter à cheval se propagea de plus en plus chez les femmes de Paris de 1830 à 1835; il y eut un instant presque rivalité avec les Anglaises. Dans toutes les promenades on rencontrait des amazones. Il est à remarquer que le bon genre voulait qu'on fût accompagnée par deux ou trois cavaliers à côté de soi et par un écuyer qui conservait une distance de cent mètres en arrière. On laissait son équipage à la barrière ou à l'entrée du Bois.

Le costume des amazones ne subissait pas de grandes variations; c'était généralement un jupon de drap avec un canezou de batiste. Autour du cou, un petit plissé soutenu par une cravate de gros de Naples à carreaux ou de la couleur du jupon. Les pantalons en coutil à sous-pieds, les petites bottes,

les gants de peau de renne, la cravache en rhino-
céros ou la badine de chez Verdier complétaient parfois le costume. La coiffure variait; on portait soit
le chapeau de gros de Naples à plumes d'argus, soit
la casquette ou la toque, soit encore le feutre qui
donnait aux gentilles amazones une allure un peu
garçonnière, un air tapageur et souvent une singulière figure *à la Colin*.

L'été, les Tuileries, les Champs-Élysées, attiraient toute l'élégance parisienne. Les promeneurs
affluaient aux Tuileries de huit à neuf heures du
soir aux mois de juin et juillet; la grande allée ressemblait plutôt à une galerie encombrée de monde
qu'à un lieu où l'on se promet de flâner à son aise
et de respirer à poitrine que veux-tu. C'est là que
les dandys, tout en causant politique, révolution,
plaisir et femmes, venaient remplir un entr'acte
de spectacle ou se rafraîchir en sortant d'un bruyant
dîner. — Les gillettes guêpées, les poupées du jour,
les coquettes mondaines y arrivaient par groupes,
accompagnées de joyeux mirliflores, pour montrer
de jolies toilettes, faire deux fois le tour de l'allée
des orangers, puis s'asseoir en cercle afin de bavar-
der alternativement d'une pièce nouvelle, d'une
émeute passée ou à venir, d'une forme de chapeau,
d'une polémique des journaux, d'un scandale galant
arrivé à l'un des derniers ministres, des cata-
strophes du Brésil ou de la Pologne, et parfois aussi

des accents profonds d'un nouvel ouvrage poétique.
Les Champs-Élysées étaient également le rendez-
vous favori de toutes les sociétés de la grande ville.
On avait transformé en une vaste salle de concert
une partie de cette superbe promenade et chacun
s'empressait d'y porter le tribut de son admiration. L'orchestre de Musard faisait entendre au loin
sa puissante et dansante harmonie; une enceinte immense avait été disposée de manière à ce qu'elle ne
puisse être franchie par la foule; des tentes avaient
été construites afin de rassurer en cas d'orage, et de
ne pas permettre à la plus légère inquiétude de
troubler le plaisir des assistants. Tout concourait
à assurer la vogue de ces jolies fêtes champêtres qui
se prolongeaient chaque soir jusqu'à minuit.—Sous
la voûte des grands arbres, brillamment éclairés, des
milliers de femmes, des élégantes qui n'avaient pas
encore quitté Paris et qui osaient se montrer, se
promenaient gracieusement et légèrement vêtues,
en peignoir d'organdi blanc ou de mousseline, garni
de dentelles, ou noué par des rubans. On voyait là
de doubles pèlerines en valenciennes tuyautée, des
mantelets de blonde noire, doublés de taffetas de
couleur, des robes de pékin peint à nuances tendres
et à dessins légers sur fond blanc : petits bouquets d'œillets bleus sur fond tourterelle ou branches de clochettes roses, jaunes et lilas sur fond
crême; beaucoup de chapeaux de paille de riz dou-

blés de soie de couleur et nombre de délicieux éventails chinois.

Les femmes étaient charmantes ainsi, fraîches, pimpantes, rieuses, avec un air alangui qui convenait si bien au genre de leur coiffure, à la nature même de leurs costumes; à ces concerts Musard, sous ce dôme de verdure illuminée, elles rappelaient en quelque sorte la poétique fiction des Champs Élysées de la mythologie; on eût dit voir revivre les gracieuses héroïnes des décamérons du xvie siècle.

Les concerts du *Jardin Turc,* au Marais, rassemblaient autour de l'orchestre de Tolbecque une aimable assemblée parmi le monde de la bourgeoisie et du commerce. Le *Jardin Turc* formait un tableau pittoresque, digne du pinceau d'un Debucourt, avec ses ombrages touffus, ses gloriettes de verdure, où circulaient la bière mousseuse et la bonne gaieté des braves gens; dans ses allées, les époux du Marais montraient sans en rougir leur bonheur et leur cordialité matrimoniale; de bonnes mamans, mises en joli guingamp rose et ayant leur schall attaché par deux épingles à leurs épaules, venaient voir s'ébattre et s'égayer leur petite famille; plusieurs *Jeunes-France,* échappés de l'île Saint-Louis, s'asseyaient près d'une table, en bonne fortune, auprès de quelque fraîche grisette à l'œil rieur, à la bouche incarnadine, dont les cheveux folâtres voletaient à l'aventure sous un chapeau *Paillasson.* — Des *beaux-fils* du quartier, en quête de passions ou de mariage, apparaissaient solitaires, satisfaits d'eux-mêmes, empesés dans leur cravate et le glacé de leurs gants queue de serin, exhalant de leur chevelure apprêtée un fort parfum de bergamote.

L'été, tout le boulevard de Gand était en liesse; c'était entre une triple rangée de fashionables lorgneurs que des calèches remplies de jolies femmes se croisaient et s'entre-croisaient comme des corbeilles de fleurs, tandis que des cavalcades de dandys faisaient jaillir sur de pacifiques piétons des nuages de poussière. C'était bien le promenoir de la cité parisienne, un rendez-vous d'élégance et de plaisir qui atteignait alors son apogée. Le boulevard de Gand marqua l'heure suprême des fantaisies de l'esprit et de la rare distinction des Brummel de 1830, l'heure du dandysme, de « l'orgie échevelée » et de la bohème à outrance, qui avait grandement aussi son caractère de gloire, sa philosophie de costume, son originalité de belle allure, car, en fuyant toute dictature en fait de toilette et d'idées, la bohème, sous la monarchie de Juillet, fut comme la conservatrice de l'intégrité et de l'indépendance de l'art.

Depuis, la physionomie du boulevard est à peu près défigurée; son côté flambant et raffiné a disparu; ce n'est plus que le passage de l'Europe. On s'y montre affairé, préoccupé d'idées et de buts divers; chacun s'y rencontre courant à quelques rendez-vous en sens opposé; on se salue, on se serre la main en hâte, on entre échanger quelques idées au café le plus proche, mais on ne s'y montre plus uniquement par esprit fashionable; l'art de la flânerie même s'y est perdu; Albion nous a cédé son odieuse devise : *time is monney*.

L'hiver à Paris était non moins bruyant que les beaux jours; les fêtes s'y répétaient de toutes parts avec une nouvelle élégance, une activité, un charme, qui en faisaient vraiment des réunions de plaisir et non des réceptions d'apparat et de cérémonie. Les salons étaient ouverts dans tous les mondes, noblesse et haute bourgeoisie; les bals de la Cour avaient un prestige de luxe et de grande élégance. Au milieu de ces réunions immenses, dans les splendides salons des Tuileries, les femmes et les diamants luttaient d'éclat. L'aspect des soupers qui terminaient ces galas était surtout éblouissant; autour d'une table immense, resplendissante d'or, de cristaux et de mets délicats, on voyait comme une rivière de femmes et de pierreries. Les hommes, pour jouir de ce coup d'œil, se plaçaient volontiers dans les loges qui entouraient la salle de spectacle, où le souper était donné. De là, ils admiraient à loisir cette chaîne de jeunes et jolis bras nus, ces robes de satin broché, *pékin, gourgouran* ou *Pom-*

padour, ces gazes et les tissus légers qui faisaient valoir la splendeur des épaules...; ils comprenaient que lord Byron avait tort de jeter l'anathème aux femmes qui mangent, et que la plupart ont encore beaucoup d'attrait en portant une jolie friandise ou un verre de cristal à leurs lèvres. Aux soupers des dames succédait celui des messieurs, puis l'on retournait à la danse ou bien plutôt l'on se retirait par groupes peu à peu avant que l'aube éclairât entièrement la cour du Carrousel.

On recevait beaucoup chez Mme d'Apony, dont les fêtes étaient superbes, et qui excellait dans le talent def aire gracieusement les honneurs d'une soirée. Elle aimait donner l'élan du plaisir et la société lui devait non moins de reconnaissance que d'hommages. Le jeune duc d'Orléans ne manquait jamais à ses bals ; il y portait, sous son uniforme, la grâce de ses vingt ans et ses manières polies, douces et respectueuses près des femmes. — Chez Mme d'Apony venait l'élite de la *fashionability* et de la littérature; Lamartine, Alfred de Musset, Eugène Sue, Balzac se rencontraient dans ces salons princiers, au milieu des diamants, des gorges resplendissantes de pierreries et de guirlandes de perles roses.

On dansait aussi chez les duchesses Decazes, de Raguse, de Liancourt, de Maillé, d'Albuféra, de Guise, d'Otrante et de Noailles, chez Mmes de Flahaut, de Massa, de Matry, chez les princesses de

Léon, de Beauffremont, chez les comtesses de Lariboisière et de Châtenay. Les bals se succédaient avec une incroyable profusion. Dans le centre de la ville, dans les faubourgs, ce n'était que fêtes, que divertissements : Paris n'avait plus de repos ; la nuit, tout était illumination brillante, bruit de voitures et d'orchestres assourdis ; on ne semblait craindre qu'une disette : celle des musiciens.

Durant le carnaval, l'élite de la capitale venait assister aux nuits de l'Opéra, dans cette belle salle éclairée par soixante lustres chargés de bougies qui se reflétaient dans le cristal qui leur servait de réseau. Les loges, les galeries décorées de festons, de gaze, d'or et d'argent, les murs couverts de glaces offraient aux spectateurs un tableau mouvant, une fête fantastique pleine de couleur et d'originalité. On y montrait des danseurs espagnols qui exécutaient le *bolero,* le *zapateado* avec une vigueur et à la fois une morbidesse surprenantes. Par opposition, on donnait les danses gracieuses de *Cendrillon,* exécutées par les dames de l'Opéra ; puis on fournissait le signal du fameux quadrillé des modes françaises depuis François Ier jusqu'à l'heure présente. C'était un piquant coup d'œil que cette réunion de costumes qui se sont succédé en France depuis plus de trois siècles... la mode de 1833 ne paraissait pas trop disgracieuse à côté de celle de François Ier, qu'elle rappelait par plus d'un point; tout ce défilé, ce panorama vivant du passé s'évanouissait enfin; le bal commençait; la salle et la scène ne faisaient plus qu'un. C'était alors le *raoût* général où intrigues, conversations mystérieuses, se succédaient sans interruptions jusqu'aux premières lueurs du jour.

La tenue des hommes à ces bals de l'Opéra était sévère; presque tous adoptaient le costume noir de bal; le plus grand nombre chaussait le bas de soie noir ou brun; quelques-uns, qui avaient adopté le pantalon collant, avaient des boucles en or carrées sur leurs souliers. Parmi les dames, les dóminos étaient en immense majorité; dominos blancs, dominos bleus, dominos roses, dominos noirs surtout. Plusieurs spectatrices dans les loges ne portaient pas de capuchon; elles étaient coiffées avec des marabouts ou des guirlandes de feuilles et de fleurs; des loups à large bande de tulle brodé ou uni; quelques excentriques avaient remplacé le domino par des sortes de simarres ouvertes sur le devant en satin broché ou en satin de Perse.

La jeunesse des écoles avait peu à peu révolutionné la danse française dans les réunions de la *Grande Chaumière*; aux mouvements élégants, lentement développés de l'exquise gavotte de nos pères, ils avaient substitué un pas frénétique, épileptique, parfois indécent, qu'on baptisa du nom de *chahut.* Du quartier latin cette danse sauvage et égrillarde s'était étendue dans le peuple et même chez les dandys; on la vit fleurir à l'Opéra et principalement aux bals des Variétés.

Dans les premières années du règne de Louis-Philippe, les bals de l'Opéra étaient fréquentés par la meilleure compagnie et tout s'y passait d'une manière décente et courtoise. Les étrangers admiraient le goût de ces fêtes, la grâce et le bon ton des Parisiennes, s'étonnant même que dans une telle confusion, dans une cohue si prodigieuse, on pût apprécier cette grande égalité qui dénotait le caractère de la nation. Ce ne fut guère qu'en 1835 que les bals de l'Opéra dégénérèrent en licencieuses manifestations. Un lord richissime, lord Seymour, que l'on vantait pour ses prodigalités sur les boulevards, où il jetait à la foule de l'or à pleines mains, des dragées et des boniments insensés, *Milord l'Arsouille*, tel était son surnom populaire, apporta tout à coup dans Paris comme un vent de folies crapuleuses et d'orgies désordonnées. En 1836, on organisa des mascarades satiriques de Louis-Philippe, de ses ministres et de ses magistrats; on remuait l'instinct frondeur de la foule. Pendant tout le carnaval, lord Seymour, un dandy qui aurait pu être un fort de la halle, tenait son quartier général aux *Vendanges de Bourgogne;* c'est là que l'armée de la folie prenait ses mots d'ordre. Les masques, mâles et femelles, auxquels il prodiguait ses écus et ses horions, se livraient, sur son ordre, aux danses sauvages, aux festins, aux bacchanales les plus grossières. On vit alors ces fameuses *Descentes de la Courtille,* ces hordes de masques dépenaillés qui se ruaient sur la ville, ces chicards, ces débardeurs, ces paillasses, ces charlatans qui du haut de leurs chars haranguaient la foule et faisaient du boulevard la succursale des journées carnavalesques les plus houleuses du *Corso* romain.

Ce besoin de se distraire, de noyer la tristesse, d'agiter tous les grelots de la folie, se retrouvait dans les bals champêtres de Paris et de la banlieue. Après le choléra de 1832, qui éclata le jour de la mi-carême et qui fit tant de victimes, on se rua au plaisir avec une philosophie anacréontique; on dansa à *Tivoli* qui existait encore, à l'*Ermitage,* à l'*Élysée-Montmartre,* aux *Montagnes françaises,* à la *Grande Chaumière,* ce paradis des étudiants où bouillonnaient et fermentaient toutes les passions politiques et sensuelles, où l'on devinait surtout le germe latent de toutes les révolutions.

L'étudiant confinait le plus souvent ses plaisirs à la *Grande Chaumière;* il y trouvait des ombrages touffus, des femmes et des fleurs; les chars roulaient sans trêve sur les *Montagnes suisses* comme sur les *Montagnes françaises;* on montait sur des chevaux et des ânes de bois; on y aimait enfin ces grisettes sentimentales, ces Mimi Pinson dont on nous parle encore aujourd'hui comme des types même de la grâce, de la gaieté et du désintéressement le plus pur, et qui, en définitive, ne valaient guère mieux que les petites Musettes de ce jour.

Maintenant, si l'on montait en *coucou* sur la place de la Concorde par quelque beau soir d'été, on arrivait au parc de Saint-Cloud où l'on trouvait un bal qui pouvait hardiment défier tous les autres. « Nulle part, écrivait Auguste Luchet — dans le *Nouveau tableau de Paris au* xixe *siècle*, — vous n'eussiez trouvé tant de richesse et d'élégance. Ce que la cour et les ambassades, ce que les châteaux et les maisons de plaisance de la magnifique vallée possédaient de jolies femmes et de fashionables cavaliers, s'y donnait rendez-vous fidèle entre neuf et dix heures du soir. C'était un parfum de noblesse qui se répandait au loin; c'était une foule imposante et hautaine, en dépit de ses efforts pour paraître aimable et douce, pour n'effrayer personne et se mettre obligeamment à la portée de tout le monde. Quand la dernière voiture publique était partie, quand il n'y avait plus à craindre de trop déroger, de se mésallier monstrueusement, la noble foule s'ébranlait alors et dansait comme une bourgeoise, sur la terre dure, sous un toit de marronniers, éclairé par des quinquets rouges, au son d'une musique de guinguette. Une femme, connue seulement alors pour la plus aimable des femmes; une femme, l'âme

des plaisirs, la reine des fêtes de la Cour, la duchesse de Berry, enfin, présidait aux pompeux qua-
drilles. Sa présence joyeuse, animée, chassait l'étiquette, chiffonnait les cravates diplomatiques,
amenait de force le sourire sur des physionomies
jusqu'alors impassibles. Cédant à cette entraînante
impulsion, la courtisanesque multitude jetait bas
sa morgue et s'essoufflait à suivre la duchesse. Heureux alors les obscurs jeunes gens qui, bravant le
risque de revenir à pied ou de ne pas revenir du
tout, avaient osé tenter la concurrence de cette fin
de bal avec les gardes du corps; quelles belles his-
toires à raconter le lendemain ! quel plaisir de chercher et de deviner dans l'Almanach Royal le nom
et la demeure de leurs danseuses inconnues ! »

Nous ne parlerons que pour mémoire des bals
du Ranelagh, d'Auteuil, de Bellevue, de Sceaux et
du bal de *la Tourelle* au bois de Vincennes, où jeunes
femmes, jeunes filles, personnages grisonnants, ado-
lescents glabres, célibataires hirsutes, de toutes
classes et de tout rang, dansaient pêle-mêle, par un
besoin instinctif ou bien plutôt pour faire comme
tout le monde, à la façon des moutons de Panurge.

La grande et incomparable journée des coquettes,
des élégantes et des mondaines, c'était Longchamps.
Longchamps avec ses triples files de voitures bor-

dant les boulevards depuis la fontaine de l'Éléphant jusqu'à la porte Maillot, avec ses groupes de cavaliers, ses types de fashionables du jour, allant, venant, se croisant et caracolant autour des calèches au fond desquelles on apercevait des plumes, des fleurs et des sourires de femmes. Ce jour, c'était la grande revue de la Mode et toute l'armée de la fashion était sur pied : c'était la fête favorite des élégants, des curieux et des désœuvrés; les uns allaient à Longchamps pour faire admirer leurs gracieuses toilettes, leurs jolis équipages et leurs chevaux fringants; les autres, pour critiquer les heureux du moment et médire du prochain, ce qui fut très bien porté de tous temps, et très édifiant dans le temps du carême et pendant la semaine sainte.

Longchamps était resté le rendez-vous de toutes les vanités, de toutes les prétendues célébrités et notabilités du moment. Sur la chaussée roulaient, en brillants équipages à quatre chevaux, les opulents seigneurs de petite ou de vieille noblesse, les pleutres orgueilleux de leurs richesses, les magistrats vaniteux de leurs fonctions, les courtisans infatués de leur faveur éphémère, les brillants militaires, pimpants, coquets, sanglés avec crânerie dans leur bel uniforme d'état-major.

De chaque côté de cette nouvelle voie Appienne, s'avançaient lentement les calèches, les coupés, les landaus, les berlines. Quelques-unes de ces voitures

ÉLÉGANCES ROMANTIQUES

étaient remplies de femmes jeunes, jolies, parées, désireuses de plaire, enivrées d'éloges et jetant à peine un regard sur la foule pédestre qui s'arrêtait pour les admirer; d'autres renfermaient de jeunes ménages avec de jolis enfants à la figure fraîche et riante; enfin, dans le tilbury, dans le stanhope ou dans le tandem, on voyait les fashionables, les dandys, les hommes à la mode et à bonne fortune, lorgnon à l'œil, camélia à la boutonnière, fiers si une coquette avait daigné prendre place auprès d'eux dans une de ces voitures fragiles et dangereuses. Parmi ces rangées de véhicules, des cavalcades nombreuses passaient galopantes, ne laissant voir dans une légère envolée de poussière qu'un habit rouge ou marron, l'éclat d'un éperon, le brillant des harnais ou la pomme d'or d'une cravache.

Les spectateurs, assis modestement sur les bas côtés de la route, regardaient défiler toutes ces célébrités, toutes ces ambitions, tout ce luxe, toute cette ostentation de richesses. Souvent, de cette foule, magistrature populaire assise, il s'élevait une voix qui racontait sans détours l'origine de telle ou telle de ces fortunes nouvelles, si rapides et si extraordinaires, et les honnêtes gens se consolaient de se montrer en simples curieux devant cette mascarade humaine si tristement composée de luxe, de misère, d'orgueil, de poussière et de boue, d'envie et de plaintes, de bassesses et de vilenies.

La foule allait, venait grouillante derrière le rang
des chaises ; on reconnaissait dans cette cohue le
tailleur ou la couturière, la modiste, la lingère ou
la brodeuse, le bottier et les femmes de chambre ;
tout un petit monde paré et endimanché qui venait
juger de l'effet des habits, des chapeaux, des robes,
des rubans, des souliers fraîchement sortis de leurs
mains habiles et ingénieuses.

Quelques citadines numérotées circulaient presque honteusement dans cette cohue immense qui
débouchait de tous les côtés de Paris, foule rieuse,
jalouse de plaire, moqueuse ou approbatrice, qui
saluait au passage le fronton de la Madeleine et
l'Obélisque que Louqsor venait de nous envoyer.
Durant trois jours Longchamps triomphait ; on n'allait plus, comme autrefois, en pèlerinage jusqu'à
l'antique abbaye qui avait donné son nom à cette
promenade consacrée, on s'arrêtait au Bois et l'on
revenait à la queue leu leu des équipages, parmi
lesquels on remarquait particulièrement l'éternel
carrosse vert Guadalquivir de M. Aguado, tout par-
semé de couronnes de marquis, chargé d'argent
ciselé et décoré de glaces, espèce de cage à *ex voto*
qui aurait pu figurer dans une procession. On se
montrait aussi les deux équipages de M. Schickler,
le premier attelé en calèche tirée par quatre magnifiques chevaux bai, montés par des jockeys dont la
livrée étincelait de broderies d'or ; le second, une

berline somptueuse dont les gens portaient la grande livrée blanche. Rien ne manquait aux splendeurs de cette exhibition, pas même ce joli équipage rose et argent de *Justine*, si bien décrit par Louvet dans le Longchamps de *Faublas;* seulement ce n'était plus alors la soubrette de la marquise de B..., que l'on voyait dans cette mirifique voiture, et le carrosse n'avait plus ni la forme rococo d'une conque marine ni les tendres couleurs du siècle dernier, c'était quelque jeune actrice en vogue dont on admirait, sous le chapeau à larges bords, la tête mutine avec ses touffes de cheveux à la Kléber qui tombaient délicieusement sur les oreilles et dans le cou et lui donnaient un air *frénético-romantique.*

On n'entendait de tous côtés que les noms de *Victorine*, de *Burty,* de *Gagelin,* de *Palmyre,* de Mme *Saint-Laurent* et *Herbaut,* les modistes et couturières en renom; puis, dans les conversations de femmes, on surprenait des mots de Chalys-Kachemires, de crépons d'Indoustan, de batistes du Mogol, de mousselines de Golconde, de gazes de Memphis, de Chine agate, de tissus de Sandomir, de foulards de Lyon, de laines du Thibet, toute une géographie de la mode qui, elle aussi, avait ses *orientales;* on faisait l'énumération des plus jolis modèles de printemps et des étoffes nouvelles, — on discutait sur le bon goût et l'élégance suprême; — Longchamps était le grand bazar mouvant où toute belle Parisienne allait concevoir et rêver de ses prochaines toilettes.

Peu à peu, à dater de 1835, Longchamps, tout en gagnant sous le rapport moral, perdit beaucoup de son aspect de somptuosité; il dépouilla la pourpre pour se bigarrer des mille nuances de la société; les modes ne s'y mélangèrent pas moins que les rangs. La joie bourgeoise vêtue de tarlatane coudoya les riches étoffes brodées, la moitié des femmes réfugiées sous l'incognito de leurs négligés n'y vint plus que pour observer l'autre; sensiblement la pompe et la spécialité de cette promenade d'apparat s'affaiblit et il fut permis d'y paraître sans toilettes élégantes ni nouvelles. Longchamps fut enfin définitivement détrôné par les Courses.

La mode ne serait plus à la mode si elle ne changeait pas, plusieurs fois par siècle, jusqu'au mode même de ses manifestations.

LIONNES ET FASHIONABLES

LIONNES
ET
FASHIONABLES

N 1842, au moment où Frédéric Soulié publiait *Le Lion amou-reux* et Charles de Bernard *La Peau de Lion*, le dandysme français semblait puiser au Jardin du Roi ses modèles d'élégance et d'allure ; il n'était ques-tion que de *Lionnes*, de *Panthères*, de *Tigres* et de *Rats* ; on eût pu se croire un instant dans une ménagerie mondaine, tant nos *Merveilleux* met-taient de complaisance aimable dans l'emploi de ces diverses expressions.

Une *Physiologie du Lion* devenait nécessaire :

elle parut aussitôt sous la signature de Félix De-riège avec dessins de Gavarni et de Daumier.

L'auteur, dans une introduction en style biblique, nous initie on ne peut plus ingénieusement à la genèse du farouche roi de la Mode nouvelle :

« Au commencement, dit-il, une foule de créatures charmantes ornaient les diverses contrées du monde élégant.

« Et la Mode vit qu'il manquait un roi à tous ces êtres qu'avait formés son caprice.

« Et elle dit :

« Faisons le Lion à notre image et ressemblance !

« Que le Boulevard soit son empire !

« Que l'Opéra devienne sa conquête !

« Qu'il commande en tous lieux, du faubourg Montmartre au faubourg Saint-Honoré.

« Et le lion parut.

« Alors, il assembla ses sujets autour de lui et donna à chacun son nom en langue fashionable.

« Il appela les uns *Lionnes,* c'étaient de petits êtres féminins richement mariés, coquets, jolis, qui maniaient parfaitement le pistolet et la cravache, montaient à cheval comme des lanciers, prisaient fort la cigarette et ne dédaignaient pas le champagne frappé.

« Un chasseur gigantesque avait coutume de les accompagner simplement pour prévenir de dange-

reuses querelles entre *lions* et *lionnes,* en montrant
les crocs de sa moustache et éviter aussi l'effusion
du sang.

« Il nomma quelques-uns de ses sujets *Panthéres.*
Ces féroces Andalouses, aux allures ébouriffantes, à
l'œil de feu, se font remarquer par l'étalage luxu-
riant de leur coiffure, l'exagération de leurs crinolines, et cherchent incessamment sur l'asphalte un
équipage à conquérir et un cœur à dévorer.

« Il y en eut auxquels il imposa la dénomination
de *Tigres,* sans qu'ils aient mangé personne (*les
grooms*) ; au contraire, l'obéissance, la soumission
est leur première vertu ; leur chapeau à cocarde
noire, leurs bottes à retroussis, leur veste bleue et
leur gilet bariolé couvrent des gamins arrachés aux
plaisirs de la *pigoche.*

« Enfin d'autres reçurent le nom de *rats :* syl-
phes rongeurs d'une nature extrêmement vorace,
souples du reste, séduisants, capricieux, qui laissent
tomber le ciel de l'Opéra sur l'asphalte du boulevard.

« Et la Mode vit que son ouvrage était bon. »

On remarqua plusieurs espéces de lionnes : la
lionne mondaine, la *lionne politique* et la *lionne
littéraire;* toutes avaient la même origine ; Alfred
de Musset était le véritable parrain nominal de la
Lionne, et George Sand pouvait se dire la marraine,
l'instigatrice morale de cette nouvelle série de

femmes singulières qui montraient toutes les au-
daces, toutes les excentricités imaginables : le premier, avec sa fameuse chanson : *Avez-vous vu dans
Barcelone... C'est ma maîtresse, ma lionne...,* baptisa cette multitude de petites créatures farouches,
fougueuses, indomptées, que la réaction romantique
avait créées ; la seconde, par ses romans de révoltée,
tels que *Valentine, Indiana, Lélia* et autres, mit au
cœur de toutes les prétendues victimes de l'amour
des idées de revendication, d'indépendance, de viri-
lité, qui ne masculinisèrent que trop ces jolis dé-
mons en jupon. — La Lionne fut ainsi la prédéces-
serice de la *Vésuvienne*, qui joua dans la *République
des femmes*, quelques années plus tard, un rôle
d'anandryne anarchiste des plus curieux à étudier
et dont voici un couplet du *Chant du départ* :

> Vésuviennes, marchons, et du joug qui nous pèse
>   Hardiment affranchissons-nous !
> Faisons ce qu'on n'osa faire en quatre-vingt-treize,
> Par un décret tout neuf supprimons nos époux !
>   Qu'une vengeance sans pareille
>   Soit la leçon du genre humain.
>   Frappons ; que les coqs de la veille
>   Soient les chapons du lendemain.

La femme de 1830 avait été comme une sensitive
sentimentale ; son imagination, exaltée par les romans de Walter Scott et les poèmes de lord Byron,
ne rêvait que dévouement, sacrifices, douleurs, ten-

dresses infinies. Elle s'exaltait le cœur et l'esprit dans les fictions les plus noires, et toute son esthétique consistait à paraître pâle, amenuisée par une souffrance muette, immatérielle et diaphane; elle ployait comme un roseau flexible au souffle de l'amour, elle acceptait le sort qui faisait d'elle une âme incomprise; mais la révolte n'entrait point en ses sens; elle se flétrissait doucement comme une fleur délicate meurtrie sur sa tige, espérant à peine une rosée de bonheur pour la vivifier; elle demeurait dans des torpeurs sans fin, dans des alanguissements sans cause, qui lui paraissaient exquis.

La Lionne réagit contre cette anémie de poitrinaire; elle se montra rugissante, provocante et bondissante; elle agita sa crinière, fit saillir ses griffes et sa poitrine, et, avec le libre exercice de ses muscles, le sentiment de sa force, elle se lança dans l'arène parisienne. — Elle sut monter à cheval, à la façon arabe; sabler le punch brûlant et le champagne frappé, manier la cravache, tirer l'épée, le pistolet, fumer un cigare sans avoir de vapeurs, tirer l'aviron au besoin; ce fut l'enfant terrible de la fashion, et dans tous les *boute-selle* de la vie, on la put voir alerte, fringante, intrépide, ne perdant point les étriers.

La Lionne, tout en prétendant au partage de la puissance, ne rechercha ses franchises illimitées que dans les diverses pratiques de la vie fashionable; elle sut rester femme au débotté et retirer ses éperons en l'honneur de ses favoris. Elle allia très aisément le sport, le *turf*, le plaisir et l'élégance et fit sa lecture du *Journal des Haras*, du *Journal des Chasseurs* et du *Petit Courrier des dames*. Elle comprit tous les luxes, toutes les délicatesses et le confortable de l'intérieur; — demandons plutôt à Eugène Guinot de nous introduire dans l'antre d'une lionne :

« Nous voici dans un petit hôtel nouvellement bâti à l'extrémité de la Chaussée-d'Antin. Quelle charmante habitation! — Admirez l'élégance de ce perron, la noblesse de ce péristyle, le choix de ces fleurs, la verdure de ces arbustes exotiques, la grâce de ces statues. Peu de lionnes ont une plus belle cage... mais, hâtons-nous, l'hôtesse vient de se réveiller : elle sonne sa femme de chambre qui l'aide dans sa première toilette du matin. Son appartement mérite une description : il se compose de quatre pièces décorées dans le style du moyen âge. La chambre à coucher est tendue en damas bleu et meublée d'un lit à baldaquin, d'un prie-Dieu, de six fauteuils et de deux magnifiques bahuts, le tout en bois d'ébène admirablement sculpté; des glaces de Venise, un lustre et des candélabres en cuivre doré, des vases et des coupes d'argent ciselé avec un art infini et deux tableaux, une *Judith* de Paul Véronèse et une *Diane chasseresse* d'André del Sarto complètent cet ameublement. Le salon est surchargé d'ornements, de meubles, de peintures de toutes

sortes ; on dirait d'une riche boutique de bric-à-brac ;
ce que l'on remarque surtout dans cet amas d'objets
divers, ce sont les armes qui tapissent les murs :
des lances, des épées, des poignards, des gantelets,
des casques, des haches, des morions, des cottes de
mailles, tout un attirail de guerre, l'équipement de
dix chevaliers. Le boudoir et la salle de bain ont la
même physionomie gothique, sévère et martiale.
Rien n'est plus étrange que le désordre d'une jolie
femme au milieu de ces insignes guerriers et de ces
formidables reliques du temps passé : une écharpe
de dentelle suspendue à un fer de lance, un frais
chapeau de satin rose suspendu à un pommeau de
rapière, une ombrelle jetée sur un bouclier, des souliers mignons bâillant sous les cuissards énormes
d'un capitaine de lansquenets [1]. »

La Lionne n'apporte pas dans son costume le
même sentiment d'archaïsme que dans ses appartements ; au milieu de ses fausses splendeurs gothiques, une élégante romantique de 1830 se fût mon-
trée en robe traînante à la Marguerite de Bourgogne
ou bien parée comme la Châtelaine de Coucy ; elle
eût arboré la ceinture de fer et les bijoux d'acier,
mais la fashionable à dater de 1840 est plus positive,

1. *Les Français peints par eux-mêmes.* Paris, Curmer, 1841, t. II.

tout en restant moins dans la couleur locale. Le matin, au lever, elle pose sur sa tête un bonnet de batiste à petites bardes, bordé d'une valenciennes badinant tout autour; pour vêtement, une robe de chambre en kachemire de nuance claire avec corsage montant et dos en éventail. Cette robe, fermée de haut en bas à l'aide de petits brandebourgs, manches larges à la Vénitienne, très ouvertes de l'orifice; en dessous, la coquette laisse voir une chemise amazone avec collet à l'anglaise, à petits plissés formant jabot sur le devant; aux pieds, elle traîne à plaisir des *nonchalantes* brodées en soutaches éclatantes.

C'est ainsi qu'elle reçoit le matin ses gens, ses grooms, son valet de pied, son sellier, ses couturières et ses modistes. Avec un petit air garçonnier, elle traite de toutes choses comme un gentleman, s'informe de ses chevaux, vérifie les mémoires de son armurier, de sa lingère, de son tailleur, de sa marchande de modes et de son bottier; elle établit le compte de Verdier, de Humann, de Gagelin, de Lassalle ou de Salmon; elle donne quelques instants à son fleuriste, puis passe dans son boudoir pour se livrer à un second négligé quelque peu rehaussé pour ses amies qui la viendront visiter.

Le bonnet, cette fois, sera très petit, composé d'un aunage de dentelles gothiques, deux papillons s'arrondissant au niveau des joues et que séparent des coques de ruban de gaze. La mode des bonnets est alors universelle ; on en fait de toutes formes ; ils s'adaptent à toutes les toilettes, à toutes les circonstances. Elle se fait passer un peignoir à jupe ouverte, en tissu foulard d'un nouveau genre, aussi remarquable par sa force et sa souplesse que par la franchise de ses nuances ; le dos en est froncé, on voit des plis dans l'épaulette et dans la ceinture, qui est fermée à l'aide d'une boucle d'or. En dessous, une jupe en pékin, de côté à trois volants festonnés ; aux mains des mitaines lacées en moire. La Lionne reçoit alors ses amies, et l'on se met à table, pendant que messieurs les maris déjeunent au café de Paris. Le repas est copieux et solide ; nos fashionables ont les dents longues : les huîtres, le chapon truffé, les entremets disparaissent comme de simples bagatelles ; il faut soutenir l'honneur du nom, montrer un appétit léonin et se donner des forces et du montant pour supporter les fatigues du jour. Les griffes ne restent pas en place, d'autre part, et le prochain est légèrement lacéré dans ces conversations que nous écouterons avec l'oreille du physiologiste Guinot :

« Que dit-on de nouveau ? — Peu de chose, ne sommes-nous pas dans la morte saison du scandale ! — Avez-vous lu le dernier roman de Balzac ? — Je ne lis jamais de roman. — Ni moi. — Ni moi. — Ni moi. — Le vicomte de L... a donc vendu son cheval gris ? — Non, il l'a perdu à la bouillotte, et c'est là le plus grand bonheur qui lui soit arrivé au jeu !

— Comment! perdre un cheval qui lui avait coûté dix mille francs, tu appelles cela du bonheur? — Dix mille francs, dis-tu? il lui en coûtait plus de cent mille, et voilà bien ce qui fait qu'il a joué à qui perd gagne. M. de L*** était pour son cheval d'un amour-propre excessif et ridiculement opiniâtre; il acceptait et il provoquait sans cesse des paris énormes; le cheval était toujours vaincu, mais ses défaites n'altéraient en rien la bonne opinion que le vicomte avait conçue de cette malheureuse bête, si bien que cet aveuglement lui a enlevé quatre ou cinq mille louis en moins d'un an. — Je ne le croyais pas assez riche pour soutenir une aussi mauvaise chance. — Avez-vous entendu Mario, lundi dernier? il a chanté comme un ange. — Et le ballet nouveau? — Il serait parfait si nous avions des danseurs; car de beaux danseurs sont indispensables dans un ballet, quoi qu'en disent nos amis du Jockey's Club, qui ne voudraient voir que des femmes à l'Opéra. — Mme B... a-t-elle reparue? — Non, c'est un désespoir tenace; elle regrette le temps où les femmes abandonnées allaient pleurer aux Carmélites; mais nous n'avons plus de couvents à cet usage, et c'est fâcheux, car rien n'est plus embarrassant qu'une douleur qu'il faut garder à domicile. — Pourquoi n'imite-t-elle pas Mme d'A..., qui ne porte jamais que pendant trois jours le deuil d'une trahison? — L'habitude est si féconde en consolations! — A propos de

Mme d'A..., on assure que le petit Roland est complètement ruiné. — Que va-t-il devenir? — Il se fera maquignon. — C'est dommage! il excellait au *steeple-chase*. — N'a-t-il pas eu un cheval tué sous lui? — Oui, *Mustapha*, au capitaine Kernok, mort d'une attaque d'apoplexie foudroyante en traversant la Bièvre dans une course au clocher. — Ton mari? comment se porte-t-il? le verrons-nous aujourd'hui? — Je ne sais, il y a vingt-quatre heures que nous ne nous sommes rencontrés, et je ne suis pas allée chez lui par discrétion... Armand est mon meilleur ami, un garçon charmant, que j'aime de toute mon âme, et que pour rien au monde je ne voudrais contrarier; mais enfin je suis sa femme et cela suffit pour que nous gardions notre liberté réciproque. — Oui, ma chère belle, tu as raison, les sentiments sont irréprochables et tes déjeuners sont comme tes sentiments...; qu'allons-noûs faire à présent? — Si vous voulez, nous irons au tir aux pigeons à Tivoli, puis au Bois; il y a une course particulière, vous savez, entre *Mariette* et *Léporello*. — Oui, nos chevaux de selle nous attendent à la porte d'Auteuil; nous irons les prendre en calèche. »

Ainsi se passe le déjeuner, dans un bavardage de sport insipide et presque exclusif; de littérature et d'art, pas un traître mot. La lionne fashionable semble ignorer que Victor Hugo vient d'entrer à l'Académie, que Musset publie des poëmes, que Lamartine s'est réfugié dans la politique, qu'Alphonse Karr cultive des *guêpes* malicieuses, que Mérimée, Gozlan, Théophile Gautier, Henri Heine, Alexandre Dumas et Soulié écrivent alors des chefs-d'œuvre de verve, d'esprit et de style; elle ne connaît Eugène Sue que par les mouchoirs *fleur de Marie* que *les Mystéres de Paris* ont mis à la mode; elle ne parle que de courses et d'anglomanie. Peut-être, par genre, fera-t-elle quelques observations sur le talent de Rachel, tout en insinuant que, pour elle, la femme de génie, c'est l'incomparable Lola Montès, l'excentrique aventurière dont le nom déjà retentit à Vienne, à Berlin, à Munich et dans l'Europe entière.

Pendant que ses amies l'attendent en fumant le *cigarro de Papel,* la lionne revêt une amazone *fumée de Londres,* garnie de boutons à grelots et de brandebourgs; le corsage est à moitié ouvert sur la poitrine afin de laisser saillir la chemisette de batiste à jabot; les manches, demi-larges, prennent la moitié de l'avant-bras et ont un très haut poignet, que recouvre un gantelet en peau jaune — semblable à ceux des chevaliers, — retombant sur le poignet sans cependant le cacher entièrement. Sous ce costume, elle se culotte d'un pantalon à sous-pieds et chausse des bottes mignonnes, munies d'éperons d'argent; sur sa tête, elle campe un large feutre de castor, maintenu par une jugulaire de soie et dont la forme rappelle les chapeaux d'archevêque.

Voilà notre lionne et ses amies à Tivoli; elle descend de sa *Clarence* ou de son *américaine,* relève son amazone sur le bras et entre d'un pas délibéré dans l'enceinte du tir aux pigeons, au milieu d'une assemblée de dandys et de sportsmen auxquels elle distribue des bonjours virils et des poignées de mains énergiques et cordiales, à la manière anglaise. Elle réclame une carabine, l'ajuste avec aisance et, tandis que son *tigre* en tient une seconde à sa disposition, elle abat un pigeon, puis deux, puis dix, puis vingt sur trente coups déchargés, fière de son succès et des murmures approbateurs qu'elle entend bruire autour d'elle. On remonte en carrosse; à la porte du Bois, on enfourche des chevaux fringants, on enlève ses bêtes de la cravache et de l'éperon et on arrive au galop, bien en selle, avec une assiette remarquable, sur le terrain des courses, au pesage, où l'on s'engage dans mille paris pour *Mariette* ou *Léporello,* après des discussions savantes sur le degré d'entraînement et la *performance* des favoris.

Les courses ne sont pas terminées que déjà la lionne galope de nouveau et revient à Paris, soit pour y assister à quelque séance d'escrime, — où elle fournira bravement son assaut, en faisant remarquer la finesse et la fermeté de son jeu, — soit pour se rendre à quelque établissement nautique, piquer une tête du haut de la girafe et montrer sa science dans les *brasses,* les *coupes,* la *planche* et toutes les gracieuses manifestations de la natation.

La journée de la lionne n'est point terminée ; elle vient s'étendre quelques minutes dans son boudoir et fait disposer sa toilette de soirée : une robe en étoffe orientale avec manches *à la bédouine* ou *à la persane;* sur ses cheveux, coiffés en bandeaux ondés qui cachent l'oreille et tombent en coquettes frisures sur le cou, elle posera un bonnet grec ou des barbes en dentelles avec une rose de Bengale.

Le dîner servi chez la fashionable *sportswoman* est généralement somptueux et d'une belle ordonnance ; comme les convives y sont nombreux, on y parle moins généralement chevaux, *match* et barrière du Combat ; la lionne y tient tête au lion et boit crânement comme les dragons de Ver-vert ; elle n'est étrangère à aucune question mondaine ; elle passe en revue, une à une, non sans esprit critique, toutes les beautés du dernier bal de la liste civile ; elle s'extasie sur la musique exécutée au concert du duc d'Orléans, elle prodigue toutes les gammes de sa sympathie au talent de Virginie Déjazet et toutes les notes de son admiration à Fanny Elssler. Le chœur des lions lui donne la réplique ; à leurs regards, à leurs accents, à leurs sourires, on sent qu'ils la trouvent divine, *pyramidale, délirante* et *colossale.*

LIONNES ET FASHIONABLES

Il est encore question des raouts donnés à l'ambassade d'Angleterre, du comte d'Orsay, de la haute élégance des bals de Mme d'Apony, des soirées ministérielles ; de la fête des Polonais à l'hôtel Lambert et de la princesse Czartoryska ; de M. de Rambuteau, de la comtesse Merlin et de leurs magnifiques réceptions ; enfin, on parle beaucoup, au dessert, de la belle Mme Pradier ainsi que de ses réunions dansantes, pleines de distinction et d'attrait, où, paraît-il — disent ces dames — toutes les sommités littéraires et artistiques de Paris se font gloire d'être admises.

A l'heure du café, la société léonine passe dans un petit salon où les sièges sont bas, moelleux et commodes ; la lionne a emprunté le *confort* à nos voisins d'outre-mer ; elle l'a étendu à tout ce qui l'entoure : au service, à l'ameublement et à la parure. Dans ce salon-fumoir, où nos dîneurs se trouvent réunis, ce ne sont plus des grands canapés adossés contre le mur, sur lesquels les femmes de la Restauration s'alignaient droites comme de petites pensionnaires, presque chagrines de l'obligation de ne pas changer de voisines ; on n'y voit maintenant que des *Deux à deux,* des vis-à-vis, des causeuses, de bons coussins, chefs-d'œuvre de points à l'aiguille, sur lesquels on s'appuie après les avoir admirés. Les tapis sont épais, les riches portières font ressortir les meubles gothiques, et il semble que dans ces porcelaines anglaises de la maison de Toy, on sa-

voure mieux le café, que sur ces divans profonds
la conversation soit plus à l'aise, que ces groupes de
faïence qui supportent les bougies, que ces brûle-
parfums disposés sur des trépieds font la vie plus
douce, plus reposante et aident en quelque sorte au
travail de la digestion.

Tout ce luxe caressant, cette enveloppe de tiède
bien-être ne suffisent point pour maintenir la Lionne
dans sa cage ; elle conduit sa société à l'Opéra, dans
sa loge, entendre un acte ou deux du *Comte Ory*.
A son entrée, toutes les lorgnettes se braquent sur
elle ; il y a comme un remous de têtes dans l'orchestre ; notre fashionable a fait son effet. Elle pose
sur le bord de velours de sa loge son éventail de chez
Duvelleroy, son bouquet de camélias fourni par
Constantin, sa jumelle d'or fin, ses boîtes à pastilles ;
elle fait entendre un frou-frou de soie et de velours,
et, placée confortablement, légèrement renversée en
arrière, elle commence, sans s'inquiéter de la scène,
à faire l'inspection de la salle et du pourtour des
loges. De temps à autre, elle fait un petit signe dis-
cret, un geste coquet de la main ou un joli sourire
de connaissance ; elle détaille complaisamment les
toilettes, retrouvant ici ou là le talent d'*Alexandrine*
ou de Mme *Séguin,* le bon goût de *Brousse* ou de *Palmyre,* le savoir faire de Mme *Dasse* ou la manière anglaise de Mlle *Lenormand.* Elle remarque beaucoup
de représentants de la fashion : lord et lady Gran-

ville, la princesse de Beauffremont, Mmes Duchâtel et Rambuteau, la princesse Clémentine, Mme de Plaisance, Mme Lehon, Mme Aguado, Mme Le Marrois, la comtesse d'Osmont, etc. Les femmes et les diamants étincellent à chaque loge, c'est là qu'est pour elle le spectacle; que ce soient la Damoreau, Duprez ou Roger qui se montrent en scène, peu lui importe! toute son attention est accaparée par la composition de certaines loges; elle essaye de deviner des intrigues, de compléter des anecdotes courantes, de créer des aventures galantes. De temps à autre elle se renverse sur le dossier de son siége, demandant à l'une de ses compagnes : *Connaissez-vous la personne qui est avec Mme X...? — Comment! Mme de Z..., toujours avec le petit Rubempré? Ou bien encore : Oh! ma chère, cela est inconcevable, voyez un peu cette vieille marquise de C... qui minaude scandaleusement avec ce jeune blanc-bec..., elle n'attend donc pas qu'ils soient formés.*

La Lionne reste peu à l'Opéra; elle compte achever la soirée au faubourg Saint-Germain ou à la Chaussée d'Antin dans un bal ou un thé intime; elle mettra quelques louis à la bouillotte, dévalisera un buffet ou lunchera copieusement, et, vers deux heures du matin, elle regagnera son hôtel et se couchera sans avoir trouvé une heure pour penser, pour rêver ou pour aimer. — Toutes ses journées se ressembleront; le lendemain, elle reprendra le même train, toujours active, agissante, surmenée physiquement ; elle ne songera qu'à la correction, qu'au bon ton du jour, au *New fashioned ;* son mari, ses enfants tiendront moins de place que ses chevaux dans sa vie ; pour ce qui est de son cœur, il est solidement *horlogé* et à mouvements réguliers ; ni lion ni dandy n'arrêteront ou ne précipiteront son mouvement.

L'amour en 1840 ne se rencontre plus guère que dans la bohème étudiante et dans le populaire ; on le retrouve dans les parties champêtres si joyeusement décrites par Paul de Kock, mais lions et lionnes ne l'admettaient point. Le lion se donnait le genre d'être sous le charme de sa *Panthère,* de son *Léopard* ou de son *Rat ;* la lionne reposait satisfaite dans sa force sportive et son cœur était aussi ordonné que le pouvaient être ses écuries, mais elle ne permettait pas qu'on y mangeât familièrement au râtelier.

ÉCHOS DU BON TON

ET DE

LA VIE MONDAINE

EN 1850.

Echos du Bon Ton
ET DE
LA VIE MONDAINE
EN 1850

ESDAMES les Parisiennes furent
toutes sur le pied de guerre, dès le
début de l'an de grâce 1850; le
Prince Président venait de sub-
stituer à ses réceptions ordinaires du
jeudi de véritables petites fêtes dansantes, pour lesquelles Strauss et son
orchestre avaient été mandés à l'orangerie de l'Élysée. L'entrain, la jeunesse, le rire étaient partout
dans ces sortes de *Redoutes* si peu redoutables, où
l'on citait parmi les reines de l'élégance les princesses Mathilde et Caroline Murat, la marquise de
Castelbajac, ambassadrice à Saint-Pétersbourg,

Mme de Polignac, Mlle de Lovenheim, la baronne Pasquier, la comtesse Regnault de Saint-Jean d'Angely, et cent autres femmes charmantes qui prenaient plaisir à rivaliser de grâces, à faire assaut de toilettes et de diamants, de guirlandes et de fleurs.

Jamais on ne vit plus d'épaules nues qu'à cette heure qui marquait le milieu du siècle, jamais peut-être aussi plus fraîches et plus blanches carnations de femmes ne resplendirent sous le feu des lustres. Tout Paris dansait et n'était plus qu'un grand bal; les journaux de modes ne présentent que robes de soirée et toilettes parées; la blonde, la moire antique, le crêpe rose et bleu, le satin et le velours sont mis à contribution par toutes les couturières de la capitale pour créer des chefs-d'œuvre d'un charme inoubliable.

Avec ses cheveux crespelés ou ses bandeaux à la vierge, ornés de branches de liserons ou de guirlandes de feuillage et de roses enroulées sur la chevelure comme des bandelettes romaines, ou bien encore coiffée de blonde ou de dentelles, de mignons petits bonnets coquettement enrubannés, légers comme un souffle d'aurore, la Française de 1850 nous apparaît comme une créature exquise, aux formes fines, délicates et longues, semblable à ces statues de Pradier qui la personnifient. On la devine doucement rêveuse dans ce coucher de soleil romantique de l'art et du roman, dont les derniers rayons mettent encore sur son grand front lumineux et dans la caresse de son regard comme un mystérieux alanguissement. On retrouve en elle la *Bernerette,* le « bel ange » du poète, la *Métella,* mise en relief par la baronne Dudevant, la muse enveloppante enfin de cette admirable légion d'artistes et de littérateurs, qui florissait alors en France comme en une véritable république athénienne.

On sent que le *distingué,* le *comme il faut* sont des qualificatifs qui ont pris sinon naissance, du moins toute leur force d'expression réelle dans l'esprit social de cette époque heureuse ; tout y respire la convenance, la correction, le bon ton ; dans la tenue générale des êtres et des choses, tout aspire à s'affiner par la plus charmante distinction.

Les dernières Lionnes avaient été emportées dans la tourmente de 48 : les beaux jours du sport étaient passés ; les chevaux seuls couraient aux courses ; Chantilly était presque désert et l'hippodrome de la Croix de Berny ne comptait plus ses fidèles habitués. Dans la République des modes — on ne disait plus l'Empire de la mode — deux écoles luttaient encore que Mme de Girardin avait décrites dans le *Vicomte de Launay* [1] : l'École tapageuse et l'École mystérieuse. La première ne visait qu'à atti-

---

1. *Le vicomte de Launay,* lettres parisiennes, par Mme Émile de Girardin. Paris, M. Lévy. Tome IV.

rer les regards et à les éblouir, la seconde n'avait pour but que de captiver et d'*intriguer* l'attention. — On reconnaissait les *tapageuses* à leur maintien orgueilleusement évaporé : elles portaient leurs plumes en panache et leurs diamants en diadème; les *mystérieuses* se devinaient à leur attitude noblement réservée : elles portaient leurs plumes en saule pleureur et leurs diamants en cache-peigne, étouffés entre deux nattes de cheveux, ou bien en longues chaînes tombantes, perdues entre les plis de la robe. Les unes voulaient produire de l'effet franchement, impudemment ; les autres semblaient rechercher l'obscurité pour qu'on vînt les y chercher. — Le rôle des premières était peu compliqué : il consistait à choisir des choses extraordinaires que personne ne portât; le jeu des secondes était plus difficultueux et réclamait plus de tact : il s'agissait de porter ce que personne n'avait osé porter et de paraître néanmoins aussi simples de mise que la généralité des femmes.

Quelques couturières avaient trouvé le secret de contenter également ces ambitions contraires et d'unir ces autorités rivales dans un commun patronage. L'École mystérieuse trouvait chez ces dames le vêtement frileux et pudique qui seyait à son caractère ; c'était parfois un petit manteau de velours noir, bordé d'une passementerie modeste; mais ce velours était magnifique, cette modeste passementerie montrait un travail prodigieux et la coupe de

ce manteau était du meilleur goût et trahissait une
main maîtresse; l'avantage de cette simplicité dans
le beau était d'être toujours convenable. Cachée par
un tel manteau, une femme pouvait aller chez ses
riches et chez ses pauvres. Cette élégance hypocrite,
à luxe faux, ne pouvait choquer que les envieux
connaisseurs; ce manteau était un véritable manteau
d'héroïne de roman; il n'était pas couleur de mu-
raille, mais il conservait comme un suave parfum de
distinction et d'incognito.

L'École tapageuse trouvait chez les mêmes tail-
leuses d'autres vêtements qui convenaient à ses
entreprises; c'était encore un petit manteau, mais
garni de soixante-dix mètres de dentelles, et qui ne
convenait qu'aux jours de triomphe où l'on mettait
dehors toutes les voiles d'une coquetterie huppée.

La secte des mystérieuses, d'après Delphine
Gay, avait des prétentions artistes et choisissait
pour ses modèles les peintres les plus célèbres.
« Ainsi, dit le spirituel auteur des *Lettres parisiennes,* cette noble et sévère coiffure qu'on a tant
admirée à la dernière réception des ambassadeurs,
ce charmant chapeau en velours grenat, orné de
plumes blanches que portait Mme l'ambassadrice
d'Angleterre, était copié d'après un portrait de Ru-
bens. Tout le monde parlait aussi de la belle coiffure
de Mme de M..., un voile léger drapé gracieusement
au sommet de la tête. — Chacun disait : Que c'est de

bon goût ! que c'est distingué ! que c'est nouveau !
— Nouveau ! c'est la coiffure de la *Vierge aux raisins,* exactement copiée ; une pluie d'or et d'argent
tombée sur ce chaste voile a seule changé la coiffure
divine en parure mondaine. Et ce joli petit bonnet
de Mme de V..., en tulle blanc, orné de bouquets
blancs, sur lequel est jeté coquettement cette marmotte de dentelle noire nouée sous le menton, il
n'est pas de Raphaël, mais il doit être de Chardin,
de Lancret ou de Watteau, d'un de ces Raphaël-
rococo des plaisants jours de la Régence, à moins
qu'il n'ait été composé d'après quelque bergère en
porcelaine, ce qui serait encore plus classique. »

Les élégantes de l'École tapageuse protégeaient
certaines couturières qui mettaient, avec un goût supérieur, leur imagination au service d'une érudition
précieuse ; ces artistes de haute envolée étudiaient
la peinture et s'inspiraient de la littérature tragique,
dramatique et mélodramatique. Elles assistaient aux
premières représentations et ne manquaient pas aux
expositions de l'Académie de peinture. Leurs corsages turcs ou grecs, leurs vestes polonaises, leurs
tuniques chinoises, leurs dolmans hongrois, leurs
amazones russes étaient tous inspirés par des documents sérieux, et, de tant de modes étrangères, elles
faisaient une mode française délicieuse où rien ne
choquait, tant étaient fondues les nuances et tant les
festons et les passementeries étaient ménagés sobre-

LA VIE MONDAINE EN 1855

ment. C'était parfois bizarre, audacieux, mais toujours joli. C'est une de ces couturiéres qui fit pour le mariage de la reine d'Espagne une robe de noce, ornée de douze couronnes, représentant les douze Provinces des Espagnes. Palmyre vivait encore de réputation, et plusieurs élégantes professaient le respect de son art et de son style. Tapageuses et Mystérieuses étudiaient à son école, mais la reine des couturières de 1830 ne régnait plus de fait, il s'était formé à sa suite, et à son exemple, une quantité de maisons rivales qui remplissaient les journaux de modes de leurs réclames et de leurs exploits. On citait partout Mlle Félicie, Mme Baudrant, Mme Quillet, toutes expertes héritiéres de l'Empire florissant de Palmyre et d'Alexandrine.

La société parisienne fut livrée en 1850 aux plaisirs, aux bals, aux réceptions et aux théâtres avec tant d'entraînement qu'on n'aurait pu supposer qu'une révolution venait de changer radicalement la forme du gouvernement. On n'entendait parler que de bals et de soirées brillantes : bals chez le Président de l'Assemblée, soirées chez le Prince Président de la République, bals à l'Ambassade turque, bals chez les banquiers, bals dans le faubourg Saint-Germain, bals à l'Hôtel de Ville, bals au profit des pauvres, sans compter les bals d'actrices qui étaient devenus à la mode et avec lesquels ne pouvaient rivaliser ni l'aristocratie, ni la politique, ni la finance, ni l'administration. C'était une fureur, une fièvre, un délire; il n'était démarches que les élégants ne fissent pour être invités à ces raouts. Les dames du monde, outrées de ces tendances vers le théâtre d'une partie de leur société, ne parlaient rien moins que de créer une association entre les maîtresses de maison, pour mettre en interdit les cavaliers qui auraient assisté à un bal d'actrices; cette association compta même un très grand nombre de signatures des plus marquantes du faubourg Saint-Germain, du faubourg Saint-Honoré et de la Chaussée-d'Antin; mais aucune mesure vexatoire ne fut prise à l'égard des délinquants.

Mⁱˡᵉ Alice Ozy avait inauguré l'ère de ces soirées d'actrices; à sa suite étaient venues Mᵐᵉ Octave, du Vaudeville, puis Mⁱˡᵉ Fuoco, danseuse à l'Opéra. La mode gagna de proche en proche tous les théâtres; Mᵐᵉˢ Doche, Renaud, Mⁱˡᵉˢ Cerrito et Plunkett étaient au nombre des plus enragées danseuses. La célèbre Atala Bilboquet, veuve du saltimbanque, donna le soir de la mi-carême un grand raout où l'on n'était admis qu'en culotte courte et en souliers à boucles. Cette simple fantaisie faillit presque faire abandonner les pantalons; nos dandys, nos financiers, nos diplomates, nos artistes et nos gens de lettres étaient ravis d'endosser cette culotte depuis

si longtemps proscrite et qui revenait en honneur.
Jamais les théâtres n'avaient été plus suivis et plus
à la mode dans le monde; dans cette année 1850,
on donna la *Charlotte Corday*, de Ponsard, *la Queue
du chien d'Alcibiade*, de Gozlan; *le Chandelier*,
d'Alfred de Musset; *les Amoureux sans le savoir*,
de Jules Barbier et Michel Carré; *les Contes de la
reine de Navarre*, de Scribe et Legouvé; *Horace et
Lydie*, de Ponsart; *le Carrosse du Saint-Sacrement*,
de Mérimée et nombre d'autres pièces de Viennet,
de Monrose, de Plouvier, etc. — La Comédie-Française, qui avait à sa tête Arsène Houssaye, brillait
d'un éclat surprenant depuis longtemps oublié.

La vogue revenait peu à peu au Théâtre-Italien,
où toutes les élégantes se donnaient rendez-vous
pour applaudir Mme Sontag, Colini, Gardoni et autres chanteurs non moins célèbres; l'Opéra était florissant et tous les autres théâtres de la capitale
étaient encombrés de spectateurs avides de drames
et de vaudevilles. Il n'était pas dans le monde de
conversation plus courante que celle qui prenait
pour texte la comédie et les acteurs. Parler d'une
pièce nouvelle, de la cantatrice ou de la danseuse en
crédit semblait d'une éloquence facile, et on ne
manquait pas dans les salons d'aborder ce sujet
après les questions sur la pluie et le beau temps; on
parlait de la Fiorentini dans la *Norma*; de Duprez
dans *Guillaume Tell*; de Samson et de Geffroy dans

le Mariage de Figaro; de Mme Allan et de Bressant dans *le Misanthrope;* de Frédérick Lemaître, de Rose Chéri et de Lesueur; de Mélingue et de Mme Guyon et enfin du funambulesque pierrot Paul Legrand.

Le théâtre semblait avoir mordu les gens du monde à ce petit endroit sensible : la vanité. « Tout salon est un théâtre, — dit Auguste Villemot, dans une de ses spirituelles chroniques; tout paravent, une coulisse — tout beau-père est un souffleur, — cet élégant *cabotinage* amuse beaucoup les femmes; d'abord le tracas n'est plus l'ennui, c'est toujours cela de gagné; — et puis il y a, dans la comédie de société, mille combinaisons, où le cœur ou l'amour-propre trouvent leur compte. Il y a tout le manège des répétitions, les déclarations autorisées par la brochure, la main pressée, les compliments adressés au personnage et dont la comédienne fait son profit; il y a enfin, le jour de la représentation, des toilettes pleines de fantaisie, un rôle qui rit, si on a de belles dents, et qui sourit seulement dans le cas contraire; enfin toutes les évolutions de la beauté calculées par la grâce et la coquetterie. — On me cite, poursuit Villemot, une femme d'un très grand monde, beaucoup plus fière encore de son opulente chevelure blonde que de ses aïeux. Le rêve de cette femme est de représenter Ève. — Elle est à la recherche d'un Paradis perdu en prose ou en vers, et elle frappe à la porte de tous les poètes pour se le procurer. Un jeune et célèbre écrivain consent bien à se mettre à l'œuvre, mais il voudrait jouer le rôle du serpent qui est déjà distribué. En attendant, la dame joue toute espèce de rôle, pourvu qu'il y ait un évanouissement; à ce moment, ses cheveux se détachent tout naturellement, et l'effet est produit. »

Le Carnaval expirait au bruit des orchestres; mais, dès les premiers jours du carême, la société semblait se recueillir et les élégances parisiennes se partageaient entre les prédicateurs et les vanités du monde. — Des orateurs de la chaire faisaient des campagnes bibliques contre les frénésies du luxe féminin et contre la légèreté des mœurs; la littérature sacrée trouvait des images saisissantes, des métaphores hardies, contre les modes — gonflées d'iniquités, — voulant peut-être parler ainsi des crinolines naissantes, mais encore gracieuses et nullement encombrantes. Les belles mondaines accueillaient ces torrents d'éloquence avec une ferveur marquée et beaucoup de componction, promettant de s'amender et de refréner leur luxe indiscutable; elles songeaient à devenir simplettes et décentes sous la perkale ou le modeste organdi; mais, dès le vendredi-saint, l'écho du vieux Longchamps — qui n'existait plus guère qu'en souvenir — faisait encore revivre en elles la passion invétérée de la mode et de la toilette.

❈

Voyons un peu quels étaient les caprices et fantaisies de la fashion à cette date qui est comme le méridien exact de ce siècle :

La Révolution de 48 n'avait pas apporté de notables variations dans le costume en général ; tout au plus vit-on après les journées de février quelques rubans tricolores aux robes et aux chapeaux et plusieurs *manteaux Girondins,* recouverts de trois petits lacets nuancés, faits de mousseline avec garnitures festonnées ; mais rien d'excentrique ne parut dans le début de la seconde République. Le bon ton était porté à la simplicité et les véritables élégantes s'appliquaient à suivre rigoureusement les modes en se gardant bien de jamais les exagérer.

Il semblait nécessaire à une coquette mondaine d'avoir chez soi, le matin, une jolie robe de chambre en cachemire doublée de soie et ouatée, à manches larges, à pardessus polonaise se séparant de la robe ; les sous-manches de batiste ou jaconas bordées d'un entre-deux en broderie anglaise, avec volant brodé de même, posé en montant, du haut de l'entre-deux, et formant fichu à jabot. D'autres robes de chambre se faisaient en soie, satin à la reine, damas, doublées de soie piquée, avec ornements de dentelle, galon velouté ou ruban.

Pour les sorties de la matinée, visite ou promenade, on portait la redingote de soie riche, damas, reps ou gros de Tours, côtelé fond vert, noir, bleu, marron, avec fleurs en guirlandes. Ces redingotes pouvaient se porter sans garnitures, de même qu'elles s'ornaient à volonté de passementeries ou de dentelles de laine.

Comme coiffures, les modistes fabriquaient beaucoup de capotes de taffetas couvertes de crêpe lisse ; d'autres en taffetas ornés de blonde de soie ; quelques-unes, et non des moins jolies, étaient recouvertes de taffetas à grosses coulisses placées en rivière sur la passe, le bord orné d'un triple rang de petites blondes de soie. Sur ces chapeaux, on posait des fleurs en velours : pensées, oreilles d'ours et primevères. — Pour les bonnets, jamais peut-être on n'en conçut de plus coquets, de plus légers, de plus vaporeux ; c'étaient des blondes de soie tournées en spirales avec grappes de fleurs sur les côtés, des ronds de blonde posés sur des demi-guirlandes de volubilis roses dont les menues branches tombaient en arrière dans la chevelure, des malines enroulées avec des petits canons de rubans, des mignonnes coiffures de point d'Angleterre ou de Chantilly arrangées avec un goût incomparable et qui donnait aux physionomies des femmes — grâce à la simplicité de la chevelure et du costume — un petit air décent, piquant, bizarre, un je ne sais quoi qui tenait à la fois de la soubrette et de la grande dame. On fit revenir en vogue les chapeaux de paille de Florence ornés de plumes d'autruche, de mara-

bouts, de tulipes, de roses, de lilas, de muguets ou
de fines guirlandes de liserons.

Dans les journées d'été, les mondaines adoptaient les robes de barège à disposition, ou des robes
plus simples en perkale, jaconas et brillantine à
fond blanc avec grands dessins perses. Les petites
femmes, qui craignaient de disparaître sous l'ampleur des jupes garnies de trois volants, ne portaient
qu'un seul volant à tête terminant la jupe. On voyait
de fraîches robes de mousselines de coton, fond rose
à dessins blancs, des canezous blancs avec jupons
de taffetas, des redingotes de piqué blanc, des châles
de crêpe de Chine fond blanc ou de couleur, brodés
de dessins de toutes nuances d'une très grande
richesse, représentant des pagodes habitées, des
oiseaux fantastiques, des semés de fleurs, toute la
profusion d'ornements décoratifs du Céleste Empire.
Comme châles simples, les dames jetaient sur leurs
épaules de larges tulles blancs, imitant la dentelle
de Valenciennes, la dentelle ou la guipure ou bien
des châles de taffetas noir à bordures brochées de
palmes, rappelant les broderies turques et les cachemires à broderies de soie.

Les robes de bal défrayaient principalement
l'imagination des couturières. Ces robes étaient très
amples et garnies du bas, de manière à leur faire
décrire un très grand cercle ; ce que l'on supprimait
sur le haut se reportait sur le bas, aussi les robes

ornées de volants en dentelle étaient garnies au
bas de trois ou quatre bouillonnés de tulle, et les
volants se posaient au-dessus ; toutes les garnitures
étaient disposées de manière à faire évaser les jupes.
Pour les demi-toilettes, les corsages décolletés sur
le devant en carré devenaient généralement fort
prisés des élégantes ; ces corsages se prêtaient à
beaucoup d'ornements : dentelle, blonde, bouillonnés de tulles froncés, rubans, passementeries et
le reste. Une gravure nous en représente un de
damas gris perle, dont le devant était orné de bouillonnés de tulle, traversés chacun par un ruban qui
venait se nouer au milieu ; le tour de la robe était
orné d'une blonde encadrant le devant du corsage,
surmonté, auprès du décolletage, d'un bouillonné
de tulle ; les manches étaient bordées de deux rangs
de blonde et garnies des mêmes bouillonnés qu'au
corsage. — Les journaux de modes, rien que pour
1850, donnent plus de 1,800 modèles de robes de
bal différentes. Les sorties de bal doublées de fourrure ou de soie piquée et bordées de fourrures étaient
alors très employées.

Les coiffures à la Marie Stuart rivalisaient avec
les coiffures à la Valois, adoptées par les jolies
femmes qui faisaient partie de cette école des *tapageuses* dont nous parlions plus haut. Dans la coiffure
à la Valois, les cheveux se relevaient comme pour
la coiffure à la chinoise ; ils se retroussaient en

bourrelets tout autour du front. Partout on voyait des guirlandes de fleurs mélangées de blonde se mêler aux cheveux. Il existait, d'après M. Challamel, plusieurs genres de coiffure : la coiffure Druidique se composait de chêne vert ; la coiffure Néréide comprenait toutes les fleurs aimées des naïades ; la coiffure Léda était en petites plumes d'oiseau de Barbarie ; la coiffure Proserpine se faisait avec des fleurs des champs, rappelant ainsi Proserpine avant son enlèvement ; la coiffure Cérès montrait les attributs ordinaires de la bonne Déesse.

Comme bijoux, on portait de grandes chaînes de grosses perles, sans fermoir, qui, après avoir fait le tour du cou, venaient retomber à la hauteur de la ceinture ; puis des bracelets en marcassite, en émail, en diamants, en camées ; enfin, pour relever la blancheur du cou, on s'attachait des colliers de velours de la largeur de deux doigts. Beaucoup de bijoux étaient en émail vert, en émail or et perles, en bleu argent oxydé. — Les épingles des bonnets, les broches, avaient des pendants de perles ou de diamants. Comme la vogue des manches *Pagodes* était revenue, on avait pris l'habitude des *brassards* en velours ou en rubans, dont les choux et les nœuds cachaient entièrement le poignet. — Après cette pénible nomenclature de chiffons divers, respirons enfin et passons outre.

Parmi les fashionables et les mondaines, on citait Mmes Wolowska, la comtesse de Villars, Mmes Eugène Scribe, Victor Hugo, Anicet Bourgeois, Paillet, Achille Fould, la comtesse Le Marrois, la comtesse de Vergennes, la marquise de Las Marismas, Mmes de Crussol, de Vogué, de La Rochefoucauld, de Caraman, Decazes, de Villeneuve, enfin la plupart des futures grandes dames qui brillèrent sous le second Empire.

En cette heureuse année 1850, sur laquelle nous venons de jeter si subrepticement un simple clignement d'œil, rien ne troublait la sérénité publique ; on pouvait se livrer au plaisir sans inquiétude d'aucune sorte, sans crainte du lendemain ; on ne parlait que de la direction des ballons, des projets de M. Pétin et de la frégate aérienne l'*Éola* sur laquelle un Espagnol, M. Montemayor, fondait les plus grandes espérances. — La Californie et ses mines d'or troublaient aussi beaucoup de têtes ; bien des femmes songeaient à se rendre à San-Francisco : leur imagination leur faisant voir ce pays nouveau comme un royaume féerique où elles pourraient naviguer sur des rivières de diamants ou s'enfouir dans des carrières de pierres précieuses.

L'année 1850 vit disparaître le dernier dilettante excentrique qu'on ait vu à Paris, le pauvre Carnavale. Après lui, on ne vit plus sur nos boulevards d'originaux autrement vêtus que de noir et marchant plus ou moins sur les pas de la mode. Carnavale n'était pas un dilettante ordinaire ; ses costumes variaient selon le temps, selon la couleur de son esprit et suivant les représentations du Théâtre-Italien. Il portait un habit jaune serin les jours où on jouait *Il Barbiere,* une jaquette vert pomme le jour de *Tancredi,* une redingote rouge les jours de *Semiramide* et bleu ciel les jours de *Lucia.* Il se montrait avec des rubans au cou, des ceintures flottantes, des fleurs et des plumes au chapeau, le tout par pur esprit de dilettantisme.

Carnavale, l'ami de la Malibran, de M. Lafitte, de Bellini et de Napoléon III, cessa d'égayer la vue des habitués du Théâtre-Italien et de la Bibliothèque nationale. Il s'éteignit comme une lanterne multicolore, comme un dernier reflet du romantisme. — A dater de 1850 le siècle semble, hélas ! définitivement voué au gris.

LES PARISIENNES

SOUS

LE SECOND EMPIRE

LES PARISIENNES

E goût des déplacements, des voyages, des villes d'eaux et des bains de mer, qui, grâce aux applications de la vapeur, pénétra si profondément ment dans le grand monde et la bourgeoisie française au cours du second Empire, apporta dans les usages et même dans les mœurs une variation très appréciable et un curieux abandon. Les nouvelles facilités de la vie mélangèrent un peu toutes les classes sociales. Les parvenus de la veille triomphèrent et furent accueillis en tous lieux ; on fit assaut de plaisirs et de luxe tapageurs. Les casinos, les Kursaals, les redoutes, les temples des jeux et de la danse eurent soudain une vogue considérable. A Spa, à Baden-Baden, on vit s'asseoir autour des tapis verts et de la roulette les filles du demi-monde et les dames de bon ton qui ne craignaient pas d'imprimer à leurs quartiers de noblesse un vertigineux *balancé* au pays du *cancan*.

La même époque vit naître à la fois la cocotte et la cocodette ; celle-là, hétaïre vénale, qui emplissait Paris et les villes de joie des fracas de son élégance criarde et de ses extravagances ; celle-ci, mondaine blasée, qui, affectant les allures de la Phryné moderne, arborait le chignon désordonné, le rouge carotte ou queue de vache de la chevelure, le fard, le clinquant des parures, le jargon et l'allure *canaillette* des filles de marbre et des *biches* en renom.

Le *petit crevé*, ce vibrion d'une société faisandée, est de même génération spontanée. C'est le règne de l'inélégance et du mauvais goût qui s'implanta en France durant les dix dernières années de l'Empire. Jamais, dans le courant du XIXᵉ siècle, on n'aura vu pareil défi porté au Beau, au Coquet, à la Grâce. Ces effroyables crinolines qui ballonnaient la femme dans un grotesque aunage d'étoffes, ces demi-manches larges, disgracieuses, ces chevelures de sauvagesses, à peine dissimulées sous des toquets de velours ou des chapeaux aux brides folles, la laideur même des étoffes et leurs nuances hurlantes, leurs bariolages, leurs passementeries, tout cela vu à distance produit à nos yeux une sorte d'ahurissement prodigieux qui ne fera sans doute que s'accentüer et que devenir plus sensible au prochain siècle, à l'heure de la récapitulation des modes de ce temps. — Il serait difficile en effet de rencontrer des tons de costumes plus heurtés, plus contraires aux lois de l'harmonie des couleurs que ceux qui furent en si grand honneur, il y a vingt-cinq ans, et dont nous voyons encore trop souvent des affreux spécimens accrochés dans les vitrines des marchandes à la toilette. Comment imaginer des *violets* aussi renversants, des *roses* aussi peu meurtris, des *verts* plus brutalement crus, des *marron*, « dos de hanneton », plus brenneux, des *gris* plus sales, des *jaune soleil* plus aveuglants ? Toute cette tonalité de gravures d'Épinal faisait florès cependant ; on inventait des rouges solferino, marengo, sang de bœuf, capables de congestionner tous les taureaux de la Camargue ou de l'Andalousie.

L'Impératrice Eugénie était devenue, aussitôt son avénement au trône, l'arbitre des variations du costume ; dès le jour de son mariage à Notre-Dame, le 30 janvier 1853, elle sut imposer son goût à la France ; la robe qu'elle portait pour la cérémonie à l'église était de velours blanc uni, faite à longue queue ; la jupe toute recouverte de volants de magnifique dentelle d'Alençon, le corsage à basquines était couvert sur le devant d'épis de diamants posés comme brandebourgs. Un voile de point d'Alençon tombait sur les épaules et était attaché sur la tête par une petite couronne de fleurs d'oranger; un diadème aux merveilleux saphirs, avec le tour de peigne, faisait une coiffure et complétait cette toilette dont on fit si grand bruit. — L'Impératrice portait alors les cheveux relevés sur le front et cette gracieuse manière, qui convenait si bien à son visage, devint au bout de peu de jours la coiffure généralement à la mode; mais il est juste de dire qu'elle seyait fort mal à de très nombreuses physionomies féminines.

Durant les premières années de l'Empire, la mode resta à peu près ce qu'elle était en 1850; les jupes furent plus bouffantes; on fit des corsages à la Vierge, des corsages Pompadour, des corsages Watteau avec garnitures de dentelles, de velours, de fleurs, de rubans ruchés, papillonnés, qui étaient très gracieux. Les couleurs d'étoffes varièrent à l'infini; il y eut parmi les plus célèbres la nuance *Téba* et le jaune aventurin; comme toilettes habillées, on faisait des robes de moire antique roses ou bleues, avec basques garnies de franges et de dentelles ou de plumes blanches; les tailles s'étaient un peu raccourcies, mais les costumes féminins demeurèrent encore élégants. Les coiffures capotes, toquets ou chapeaux de paille s'harmonisaient avec l'ensemble de ces toilettes sans trop d'ampleur ni de surcharges; on pensait revenir peu à peu plutôt aux modes du

Consulat qu'aux paniers du règne de Louis XVI,
lorsque, dans la seconde période du règne de Napoléon III, l'affreuse crinoline parut ou plutôt s'accen-
tua, au grand étonnement de toutes les Françaises
qui sentaient le ridicule de cette mode incroyable.

« D'incessantes critiques attaquèrent la crinoline, raconte M. A. Challamel dans son *Histoire de
la mode;* on trouvait qu'il y avait bien d'autres
moyens de soutenir les volants. Ne pouvait-on pas
adopter des jupons empesés, des jupons à volants,
des jupons à trois étages, en gros calicot? — Le
crin n'avait pas seul la vertu souveraine pour gonfler
les habillements.

« Malgré ses ennemis, ou à cause de ses ennemis
peut-être, la crinoline ne tarda pas à régner en maîtresse absolue. Nombre de femmes, après avoir dé-
blatéré contre les horribles crinolines, acceptèrent
les jupons empesés, les jupons à volants, plus gracieux que le crin, mais encore très embarrassants;
l'essentiel était d'augmenter la corpulence, de mas-
quer la maigreur, et surtout de suivre le courant des
idées reçues. — Quelques vraies élégantes inventè-
rent un jupon baleiné qui ressemblait assez à une
ruche d'abeilles, toute l'ampleur se pavanait sur
les hanches ; le reste tombait droit. D'autres préfé-
rèrent les cerceaux arrangés comme des cercles de
tonneaux ; les plus modestes firent doubler leurs volants de grosse mousseline roide, leurs ourlets de

bandes de crinoline, et elles s'affublèrent de quatre ou cinq jupons roides et empesés, à baguettes, à carreaux, etc. — Quel fardeau à supporter !

« Quant aux cercles d'acier qui ne tardèrent pas à se répandre, non seulement ils étaient disgracieux, mais ils ballottaient à droite et à gauche. Souvent, vu leur peu de longueur, ils laissaient dans le bas de la jupe rentrer la robe en dedans. En passant, les dames voyaient les hommes légèrement sourire, sans s'émouvoir devant ces « malappris ».

« La plus grave question politique du jour ne passionnait pas plus les Français que la question de la crinoline ne passionnait les Françaises, — dit encore M. Challemel qui a le mérite de faire ici revivre ses souvenirs ; deux camps se trouvaient en présence. Dans l'un, les adversaires de la crinoline jetaient feu et flamme ; dans l'autre, les soutiens de cet ajustement se fondaient sur l'exigence de la mode, dont il leur paraissait impossible de ne pas suivre aveuglément les arrêts. D'abord on avait pris l'habitude de la crinoline, et ceux qui lui gardaient rancune acquéraient la réputation de mauvais plaisants, de gens à préjugés, de frondeurs obstinés. Toutefois, si l'on ne renonçait pas aux jupes ballonnées, on abandonna peu à peu les cages et les cerceaux, pour les remplacer par plusieurs jupons amidonnés. On s'amendait en partie ; cette modification combattit le ridicule des crinolines ; mais celles-ci luttèrent, il fallut plusieurs années pour opérer un changement que le simple bon goût eût dû amener depuis l'apparition du crin, des baleines et des ressorts d'acier. »

Ce que cette mode invraisemblable fit couler d'encre pour et contre, tant dans la presse parisienne que dans des brochures diverses, on ne saurait se l'imaginer. M. Albert de la Fizelière a écrit à ce moment une amusante petite monographie de *la Crinoline au temps passé,* suivie de *la Satyre sur les cerceaux, paniers, criardes et manteaux volants des femmes,* par le chevalier de Nisard.

Il y aurait sur la mode des crinolines, à dater de 1855, un ouvrage des plus curieux à écrire, en signalant les luttes de partis et en fournissant toutes les pièces à annexer à cette histoire. Nous croyons même qu'il existe deux ou trois poèmes sur *la crinoline,* en dix ou douze chants chacun. — Montaigne, en parlant des vertugadins qui régnaient en France, semble avoir déjà, avec son bon esprit gaulois, amplement résumé la question : « Pourquoi, dit-il, les femmes couvrent-elles de tant d'empeschemens les uns sur les autres, les parties où loge principalement nostre admiration? et à quoi servent ces *gros bastions — vallo circumdata —* de quoi les femmes viennent d'armer leurs flancs, qu'à leurrer nostre appétit et nous attirer à elles en nous esloignant? »

Les modes varièrent de 1851 à 1870 d'une façon

inquiétante pour l'historien futur qui les voudra analyser. — Nous avons voulu parcourir la plupart des journaux spéciaux durant ces vingt années, et, outre un prodigieux mal de tête, nous avons constaté avec un profond découragement que deux années de la vie d'un travailleur suffiraient à peine pour les annotations nécessaires à un simple résumé historique de ce monument du costume sous le second Empire. Que nos lectrices — qui sont arrivées aujourd'hui à cet âge ingrat où l'on ramène à soi ses souvenirs, dans les rêveries du coin du feu — se rappellent les diverses robes qu'elles ont choisies, exhibées avec ivresse et rejetées tour à tour pour d'autres ajustements plus en vogue; qu'elles regardent au fond des armoires leurs manches *payodes* brodées à jour, leurs collerettes, leurs fichus, leurs cachemires d'autrefois; qu'elles songent surtout aux toilettes de leurs amies, à celles qu'elles ont enviées, aux confections qu'elles ont jalousées; elles verront alors que non seulement tous ces chiffons étaient vanité, mais encore elles se diront que le souvenir même est infidèle et ne saurait garder l'impression ni la forme de tant de garnitures et parures opposées dont la transformation fut si traîtreusement insensible.

Qu'elles évoquent dans leur mémoire le manteau Talma, le Mousquetaire et la rotonde, cette abominable rotonde, qui, tombant sur la crinoline, donnait à une femme l'apparence d'un pain de sucre; qu'elles revoient en pensée le châle indou cachemire, le châle indou de laine, le châle *mouzaïa* ou tunisien, avec ses rayures blanches et bleues, rouges et vertes; le burnous algérien avec glands en poil de Thibet; le « manteau impératrice », les mantelets et les basquines. Qu'elles se remémorent encore les capelines en batiste écrue, garnies de rubans de taffetas, les capelines de mousseline, doublées de transparents roses, bleus ou mauve et les capulets en laine, qu'elles portaient à la mer ou à la campagne.

Sans avoir crainte de les lasser, nous ferons défiler dans leurs souvenirs les vestes zouaves, les vestes turques et grecques, les *Figaros* et les *Ristoris,* disgracieux corsages qui avaient une sorte de coquetterie crâne, bon enfant et *zouzou,* une allure un peu abandonnée et négligée qui les rendaient parfois provocantes à l'excès. — Poursuivons encore : nous voici arrivés aux vêtements de drap lisse ou de soie gros grain qu'on ornait de lourdes soutaches ou de broderies et qu'on bordait de peau d'agneau mort, teint en noir, désigné sous le nom d'astrakan. — Ces soutaches et cet astrakan, ne vous semble-t-il pas que ce soit toute une grande période de la mode impériale qui défile devant nous par la magie seule de l'image? Ne revoyez-vous pas ces longues planches gravées donnant des spécimens de la Maison Gagelin, où des femmes, vues de face, de profil et de dos, déployaient sur leurs épaules de longues houppelandes chargées à outrance de torsades, de grecques, de tresses, de cordelières, de passementeries de toutes sortes, à prétentions militaires, et revêtues en outre de larges parements d'astrakan noir à poil frisé, qui était le comble du confortable et du *chic?* — Est-ce tout? — Pas encore. — Rappelez-vous les petits paletots dits « marins », les vareuses, les saute-en-barque, dont vous faisiez provision dans vos malles à l'heure de la villégiature et des vacances; ces vête-ments étaient en drap léger, en étoffe anglaise, en popeline de soie, en alpaga, en taffetas noir, avec force ornements de cette même passementerie con-tournée qui était la folie du jour, la folie du Galon.

N'avez-vous plus souvenance du paletot *Lydie,* des pardessus *Lalla-Roukh* et de la sortie de bal nommée *vespertina?* On les portait à la même époque que les vestes *senoritas* en velours, taffetas, en cachemire de nuance claire ou en drap... Et les che-mises russes? les *Garibaldis* en foulard, en taffetas blanc, rouge, bleu, havane, brodés en soutaches ou au point russe? et les paletots-gilets Louis XV, en drap anglais jaspé gris et noir, cela ne dit-il plus rien aux échos de votre esprit? — Devons-nous, pour ne point vous laisser reposer, vous parler du *Péplum impératrice,* formé d'un petit corselet auquel s'ajus-tait une grande basque carrée devant et derrière, très longue sur les côtés, vêtement précieux en ce sens qu'il causa la chute de la crinoline et qu'il fit plus d'honnête besogne par sa forme seule que n'en avaient pu faire les libelles, les pamphlets, les mandements, les sermons, toutes les éloquences de l'Église et de la presse réunies.

Un fabricant, nous dit-on, imagina alors des jupons à ressorts, dont une partie se détachait à volonté ; un autre inventa une manière de parasol transparent, un troisième se fit breveter pour avoir conçu un système d'aération pour coiffure, un quatrième enfin mit en vente dans tout Paris des ressorts crémaillères à l'usage des jupons, qu'il décora du nom d'*Épicycloïdes*. L'industrie ne se lassait point, le génie parisien avait du bon goût, même dans le mauvais ton ; — on vit des boucles d'oreilles *aquarium*, des chaînes d'or *Benoîton,* qui formaient gourmette sous le menton ; on chaussa le cuir de Russie, on l'employa en ceintures, avec boucles de métal, on se surchargea de chaînettes et de breloques et l'on campa sur les chevelures jaune, acajou, tomate et sur toutes les nuances impossibles à la mode, — qui n'étaient que les outrances du blond vénitien, — des chapeaux Trianon, Watteau, Lamballe et Marie-Antoinette.

Oh ! les horribles et cascadantes coiffures ! Elles avaient un *sacré chien,* au dire des lorettes mondaines de ce temps ; mais, regardées à distance, vues avec le sentiment du goût moderne, *quelle dégringolade, mon Empereur !* — Ces cheveux, dépeignés, voltigeaient éperdus, mélangés de postiches de toutes sortes, brûlés par l'acide, rôtis par le fer, desséchés par l'ammoniaque; ces cheveux morts, qui tombaient en chignon ou en frisures sous la toque, étaient bien la plus désagréable chose du monde, et jamais époque décadente ne nous offrit de plus grotesques spécimens. — Les femmes semblaient prendre plaisir à se rapprocher de la caricature, de la paradoxologie du costume et des turlupinades de la mode ; plus on montrait alors d'incohérence, de folie, d'invraisemblance dans ses ajustements, plus on risquait d'être proclamée l'incomparable reine de la fashion. — Les journaux du boulevard, qui commençaient à inaugurer le *reportage,* se complaisaient dans les descriptions minutieuses des toilettes qui portaient le plus ouvertement un défi à la raison et au bon sens. — Avec leurs catogans, leurs immenses coques sur le sommet de la tête, leurs grandes papillotes glissant à l'arriére, leurs rangées de nattes, leurs repentirs ondulés et leurs rameaux frisés qui tombaient jusque dans les yeux, les visages féminins n'avaient rien de cette grâce que donne une coiffure naturelle; tout cela était faux, théâtral, emprunté, de mauvais lieu. — Souvent, lorsqu'elle ajoutait à ces buissons et à ces cascades de cheveux une petite toque en forme de boîte à dragées, avec sa robe courte aux tons braillards ou ses soieries bariolées aux couleurs d'une écurie à la mode, avec son ombrelle-canne, ses bijoux et ses breloques, une Parisienne avait, il faut bien le dire, quelque chose d'une guenon costumée, lâchée en pleine mascarade simiesque, montrant une allure pleine de contorsions et une figure chafouine, au milieu d'hommes vêtus de *pet-en-l'air*, culottés de collants, coiffés de chapeaux tyroliens à plume de paon, vilains babouins mi-rasés, non moins enlaidis et non moins mal attifés que leurs compagnes.

A Compiègne, à Biarritz, à Dieppe, à Trouville, à Bade, aux Eaux-Bonnes, à Plombières et dans les villes d'eaux et de plaisir, où se donnaient rendez-vous les élégantes du monde et les aventurières de la bohème dorée : toutes les femmes d'argent et de ruolz, les manifestations du luxe devenaient sans limites ; c'était à la fois un assaut de fantaisies dans le vêtement et dans la désinvolture, une furia d'extravagances, de lubies sans nom, de dépenses voluptuaires faites exclusivement pour la galerie. On voyait en même temps des châles de laine tricotés avec des volants rouges, des robes somptueuses de soie brochée, des jupes de faille lamées d'or ou d'argent, des casaquins chargés de broderies, des écharpes extravagantes, des burnous arabes avec agrafes de diamants, des tarlatanes à rayures d'or, des dentelles à torsades du même métal, sans compter les bijoux, les médaillons, les broches, les croix, les colliers avec plaques de pierreries et tous les affiquets dorés qu'on ne craignait pas de montrer jusque dans les plus modestes casinos.

Les robes de bals pour les fêtes d'hiver avaient des accessoires d'un prix incroyable. — En 1869, la duchesse de Mouchy exhiba sur elle, au bal de Beauvais, pour près de deux millions de diamants. Sa toilette se composait d'une robe à traîne en gaze blanche, avec un semé d'argent; une seconde jupe courte, en soie raisin de Corinthe, formait tablier ruché; le corsage, très bas, était coupé carrément et soutenu par des épaulettes étincelantes de pierreries; une large écharpe de fleurs à feuillage argenté, prenant sur l'épaule, retombait en biais sur la jupe.

La Parisienne aristocratique, il faut le dire, restait toujours une individualité, en ce sens qu'elle tenait les rênes de la véritable élégance et qu'elle passait avec une rare intelligence de l'une à l'autre mode sans heurter le bon goût. Elle seule — *rara avis* — possédait le don de ne rien exagérer, et lorsqu'elle s'éprenait d'une originalité, on pouvait suivre ses élans gracieux et souscrire à tous ses caprices du jour. La Parisienne, par excellence et par quintessence, choisissait avec un grand tact et un parfait discernement aussi bien ses modistes que ses couturières; elle ne se laissait imposer ni les toilettes *Bismark,* ni les corsages *casaque,* ni les poufs *Lamballe,* ni les chapeaux ponceau; elle faisait plutôt

PARISIENNES DU SECOND EMPIRE

naître les modes discrètes, les nuances *vanille,*
ambre, écrues, olive, répudiant le *cramoisi,* le vert
Pompadour, le rouge *Solférino;* mais la Parisienne
quintessenciée dont nous parlons n'était pas toujours Dame de la Cour ni femme de Financier; elle
régnait plus encore sur l'aristocratie innée du goût
que sur l'aristocratie nobiliaire.

Vers la fin du règne impérial la crinoline disparut enfin entièrement; les femmes se dégonflèrent et
revinrent aux robes collantes et au respect de la nature; les jupes à la chinoise furent, pour ainsi dire,
la dernière expression marquante de cette maladie
de la mode qui faillit porter atteinte à l'indestruc-
tible réputation de bon goût des femmes de France.

Le monde élégant, le monde de loisir semblait
avoir peine à regagner ses quartiers d'hiver, tant
étaient joyeuses les réunions dans les châteaux. On
chassait encore en décembre et les abois des meutes
faisaient retentir longtemps les grandes futaies de
leur sauvage harmonie. Partout éclatait le son des
trompes. A Compiègne, à Fontainebleau, à Chantilly, à Gros-Bois; en Touraine, en Normandie, en
Nivernais, de l'est à l'ouest et du nord au midi, ce
n'étaient que curées froides ou chaudes; les grands
veneurs étaient sur les dents.

On reculait le moment de l'hivernage pour mieux

sauter au retour, car Paris ne vivait encore que de bals, de concerts et de sauteries; dans le monde de la Cour, de l'aristocratie, de la finance et de la bourgeoisie, on réveillait le culte des concerts et des redowas. — Fêtes chez la princesse Mathilde, bals chez la duchesse Pozzo di Borgo, chez la comtesse de Walewska ou chez Mme de Biré; concerts ou sauteries chez la comtesse de Behague, chez la comtesse d'Indry ou chez Mme Troplong. Les concerts n'étaient souvent que le prélude des comédies de paravent ou des opérettes; ce divertissement fort à la mode ne fut détrôné que par la fureur des poses blanches ou plastiques qui montraient sur des Olympes de carton toutes les scènes les plus décolletées de la mythologie représentées par des déesses mondaines en maillot. Les cocodettes impériales apportaient un entrain diabolique dans la recherche et la confection des costumes primitifs nécessités par ces divers tableaux du *Jugement de Pâris*, de *Jupiter et Léda*, et autres sujets non moins décoratifs que libidineux.

Le carême n'arrêtait pas cet élan vers le plaisir, ni ce besoin fougueux de se répandre en soirées, au théâtre, au bal; on allait bien à Notre-Dame, aux conférences du Père Hyacinthe, qui était alors en grande vogue et qu'on désignait pour succéder à M. de Barante à l'Académie française; mais on se recueillait peu à ces sermons mondains; on s'y rendait par genre, pour entendre ce carme, qui était le lion du jour et pouvoir décemment en parler. A peine au sortir de Notre-Dame, les âmes pieuses n'allaient point revêtir le cilice à pointes de fer, ni dormir sur la cendre ; elles se rendaient aux Italiens applaudir la Patti, ou bien aux Variétés admirer la diva Hortense Schneider et ses grâces légèrement *chahutantes* dans *la Grande-Duchesse de Gerolstein,* à moins qu'elles n'allassent à *la Biche au bois* s'émerveiller des folles splendeurs de mise en scène d'une féerie ; après cela, on courait souper avec des bécasses aux truffes et se mortifier au champagne.

Le carême était donc généralement le plus fou et le plus brillant des carnavals. — A Pâques, les salons ne fermaient pas encore ; on annonçait de semaine en semaine les dernières soirées de l'hiver, et c'était toujours à recommencer ; — chez Mme de Saint-Agamemnon, — écrivaient les courriéristes — dernière soirée de l'hiver, on y entendra Fraschini.

— Chez la princesse Labribescoff, dernière soirée : on y jouera un proverbe d'Octave Feuillet.

— Chez le banquier W.... dernière soirée : on y essayera, sur une table à thé, une machine à vapeur qui doit *dégoter* tout ce qu'il y a de connu sur les chemins de fer.

— Chez le major autrichien Zinzermann..., encore irrévocablement dernière soirée de l'hiver..., on y imitera Thérésa.

Ainsi partout, fêtes de jour et fêtes de nuit.

L'hippodrome de Longchamps avait repris une vogue nouvelle; on attendait le Grand Prix avec anxiété; *Gladiator* et *Fille de l'air* donnaient pour ainsi dire un nouvel essor aux modes; puis le Grand Prix de Paris marquait l'heure extrême des réceptions et annonçait les plaisirs de la villégiature; — on faisait la statistique des courses, calculant le gain du comte de Lagrange, de M. Delamarre, du baron Finot, de Charles Laffite ou de M. Achille Fould. Le Grand Prix de Paris remplaçait l'ancienne promenade de Longchamps; on y voyait défiler toutes les excentricités du costume, se produire les toilettes nouvelles, les voitures du dernier genre, les beautés du monde et les élégantes du demi-monde : actrices de salon et actrices de théâtre, toute la comédie humaine s'y jouait avec un grand luxe de représentation. Ce n'était que femmes et que fleurs, grâces et sourires. — Le soir de ce grand jour solennel, Mabille était littéralement assiégé.

« Les dames de l'Empire, écrit Arsène Houssaye dans ses curieuses et brillantes *Confessions*[1], furent une pléiade éblouissante, toutes douces de beauté, de charme et d'esprit, — plus ou moins. — Qui en doutera quand je dirai les noms de la duchesse de Mouchy, la comtesse de Saulcy, la baronne de Vatry, la comtesse Walewska, la duchesse de Persigny,

---

1. *Les Confessions,* souvenirs d'un demi-siècle (1830-1880), par Arsène Houssaye, t. IV.

la comtesse de Moltke, Mme Bartholoni, la comtesse de Pourtalès, la princesse Poniatowska, la marquise de Gallifet, la comtesse de Sancy-Parabère, la duchesse de Morny, la vicomtesse Aguado, Mme de Lima, la baronne de Beyens, Mme Péreire, la baronne Alphonse de Rothschild, Mme Magnan, Mlle Bechwith, la marquise de Canisy, Mme Moulton, la comtesse de Mercy-Argenteau, la marquise de Chasseloup-Laubat, Mme Pilié, la comtesse de Castiglione, Mme de Montaut, la maréchale Canrobert, la duchesse de Malakoff, la générale Callier, Mme Carter, Mme Jankowska, la comtesse de Brigode et Mme Carette, pour bien finir? — Que d'autres on pourrait nommer qui n'étaient pas belles selon l'évangile de l'église du beau, mais qui étaient belles à force d'esprit, comme la princesse de Metternich !

« Avec de telles femmes, les fêtes de la Cour et les fêtes mondaines étaient magiques. On ne s'étonnait pas d'entendre dire : « l'Empire s'amuse. » Pourquoi pas? — On ne se contentait pas des bals des Tuileries où tout le monde officiel avait droit d'entrée; on imaginait chez l'Impératrice, chez les Dames d'honneur, chez quelques ministres, des plaisirs nouveaux, mais surtout les bals costumés avec le loup pour les femmes. Moi-même, à cette époque, dit M. Houssaye, n'ai-je pas donné dans ces folies plus ou moins innocentes par mes redoutes vénitiennes ! — On a brûlé les Tuileries, on danse encore à l'Élysée, mais le cotillon est mort. Où sont-ils, d'Aiguesvives, Castelbajac, Jaucourt ? De Caux lui-même, qui pirouette encore sur son talon rouge, n'entrerait plus dans un cotillon, même si la fauvette Adélina chantait à l'orchestre. Oui, on cotillonne encore, mais qui donc conduit le cotillon ? C'est que l'escadron volant ne vole plus, la comtesse Walewska pleure sa fille ; la princesse de Metternich, cette Parisienne, est redevenue Viennoise. On voit encore passer, dans leurs beautés mûries, la comtesse de Pourtalès et ses amies ; mais combien de figures dans les demi-teintes qui ont rayonné sous le soleil de la Cour ! — Le général Fleury ne se contentait pas d'avoir la meilleure table de l'Empire, il inaugura des fêtes fabuleuses qui rappelaient l'ancienne cour de France sous Mme de Montespan, sous Mme de Pompadour, sous Marie-Antoinette. Il mit en scène, à l'hôtel d'Albe, les quatre éléments : ce n'était pas trop pour recevoir l'Impératrice et son Décaméron. Ce fut un enchantement. Le général n'avait pas permis qu'une femme mal dessinée et mal étoffée par la nature défigurât ses bals légendaires. On avait fait comprendre aux petites bourgeoises de la Cour que ce n'était pas leur jour de se décolleter, si bien que toutes les élues formaient une compagnie, je ne dirai pas invincible, mais irrésistible. C'était charmant de voir batailler au cotillon, le feu et l'eau, le ciel et la terre, comme deux siècles plus tôt au palais de Versailles. On s'amusait tant alors que l'Empereur lui-même, qui plus d'une fois a joué le rôle de l'ennui dans les fêtes des Tuileries, dansait gaiement avec la princesse Mathilde, quand le prince de Metternich ou le prince de Croy dansait avec l'Impératrice. On avait supprimé les volcans.

« Et toute cette jeunesse expansive, parce qu'elle éclatait en verve et en esprit et en passion, où est-elle éparpillée? se demande Arsène Houssaye. — Aux quatre coins du monde et des mondes. Saint-Maurice, Finot, La Redorte? Le prince d'Orange, Caderousse, Rivoli, Heckeren, Massa, Ezpeletta, sans oublier les figures plus ou moins méditatives, mais toujours ouvertes : Morny, La Valette, Persigny, Girardin, Laferrière, Nigra, Mérimée, Fleury, Edgar Ney, Corregliano, Pisani? — Pourquoi ne pas citer Troplong, qui aimait les plaisirs des autres et qui aurait pu écrire le code de la société polie? C'était fête partout; chez la duchesse de Morny, chez la duchesse de Bassano, chez la comtesse Walewska, chez Mme de la Pagerie, chez la duchesse d'Albe, chez les ministres, chez les sénateurs. Que d'argent jeté à propos par la fenêtre! Aussi la Seine se pactolisait; on était riche jusque dans les faubourgs, parce que toutes les fées du travail étaient à l'œuvre... Aujourd'hui, on ne jette rien par les

fenêtres et Paris se nourrit de principes : la démo-
cratie fait danser, mais ne danse pas. »

Nous venons de faire bon accueil à notre con-
frère et ami Houssaye, car il est de ceux qui virent
l'Empire de la bonne place, aux premiers rangs,
dans l'ivresse des succès mondains et dans la force
de l'âge; il fut de tous les cénacles, de tous les
raouts, de toutes les fêtes intimes ou générales; nul
homme de lettres mieux que lui ne pouvait faire
revivre ses brillants souvenirs d'hier sur cette grande
kermesse impériale dont les lendemains furent si
sombres que nous en portons tous comme un spleen
en l'âme et une blessure au cœur. Il sonne dans ses
Confessions la *carillonnée* des plaisirs d'une époque
où nous étions encore sur les bancs du collége, et
nos souvenances, à nous, seraient trop naïves, trop
fragiles, trop aurorales, au vrai sens du mot, pour
avoir quelque poids, si nous avions la moindre vel-
léité de les appeler ici à notre aide.

Nous avons conservé cependant dans cette
chambre noire des réminiscences comme un vague
aperçu des tableaux de ce Paris impérial, où la Cour
entraînant la ville et la ville aspirant à faire partie de
la Cour se confondaient dans un même déploiement
de magnificences inouïes ; nous revoyons ces équipages de gala dorés, blasonnés, chargés de laquais
poudrés, ces retours du Bois étincelants de richesses,
de costumes et de beautés féminines, alors que l'Em-

pereur regagnait les Tuileries dans le poudroiement
d'un soleil couchant. — Émile Zola, dans la *Curée*
— un de ses meilleurs livres, et peut-être le moins
connu ou le moins apprécié, — a laissé une page
magistrale sur ces splendeurs des Champs-Élysées
après une journée aux courses de Longchamps. —
Nous le revoyons en pleine vie, ce Paris des lorettes,
des filles, des partageuses, des rastaquouères, à cette
époque de son extravagance, et ses émerveillements,
— en 1867, — à cette heure où le boulevard n'était
plus que le passage des Princes et où flamboyait
partout l'enseigne pantagruélique que Rabelais mit
au fronton de son immortel et colossal monument :
Vivez joyeux.

Ce boulevard encombré de promeneurs et de
promeneuses, nous le revoyons en pensée comme ce
kaléidoscope dont parle Delvau, où les objets et les
personnages, diversement, mais toujours pittores-
quement colorés, changeaient à chaque pas. et à
chaque instant, et où toute la société parisienne
avait ses représentants, depuis la duchesse jusqu'à
la cocotte ; depuis l'artiste jusqu'au cocodès ; depuis
l'homme de lettres jusqu'au boursier ; depuis le rentier jusqu'au voyou ; depuis le mendiant jusqu'au
bourgeois ; depuis l'ouvrier jusqu'à l'oisif ; depuis
enfin Turcaret jusqu'à M. Prudhomme. Tout ce
monde aspirait au *chic*, à l'élégance et au galbe, aux
bonnes fortunes et aux délices épicuriennes. Nous

le revoyons sur le soir, ce boulevard de l'Empire,
alors que descendaient des hauteurs de la rue Bréda,
munis de sourires et d'œillades, les divers bataillons
de Cythère : les gigolettes, les gandines, les biches,
les maquillées, les musardines, les précatelanières,
toute la série des lorettes, avec leur chignon ébou-
riffé, leur toquet sur l'oreille, la jupe courte dentelée
par le bas, le corsage ouvert en cœur et portant autour
de leurs tailles de longues ceintures flottantes qui
étaient comme les étendards de la galanterie. —
Attablées, dès l'heure de l'absinthe, sur le devant des
cafés, provocantes, le visage plâtré, la lèvre rougie,
humant la cigarette, elles montraient, le genou levé
sur un petit banc, leur bottine à talon haut, à gland
d'argent montant à mi-jambe et emprisonnant un
mollet à bas rouge. — Les étrangers, les barons de
Gondremark défilaient sur le trottoir, l'œil allumé, la
bouche humide et rieuse, regardant ce marché aux
plaisirs, en vrais maquignons de la femme, cherchant, nouveaux Pâris, à qui décerner la pomme.
Sur le trottoir défilaient encore les viveurs de Paris,
les hommes de la grande et de la petite presse qui se
sentaient chez eux ; puis, dans l'assourdissement des
cris, parmi le bruit des voitures et des camelots, passait l'éternel gavroche en blouse, les mains dans la
poche, le regard fureteur, criant les sottises de la
rue, l'inepte *Hé! Lambert!* ou quelque chanson
boulevardière récemment mise en vogue.

Les nuits de bal à l'ancien Opéra, toute la physionomie particulière du boulevard des Italiens nous revient en mémoire ; c'était une véritable cohue de Clodoches, de nourrices, de bébés, de débardeurs, de chicards, poussant des cris inarticulés, des hoquets convulsifs, s'interpellant, avec le bagou populaire, dans un tohu-bohu indescriptible, tandis que de toutes parts des *pratiques* de polichinelles coupaient l'air d'un bruit strident et railleur. Les cafés flambaient, il y avait réellement un délire dans cette descente de courtille galante et populacière. Bref, du haut en bas de l'échelle, l'Empire s'amusait.

Dans les restaurants de nuit, tout brillants de lumières, la fête continuait ; c'était à chaque étage un bruit joyeux ; les pianos rendaient des sons poussifs qui se mêlaient aux rires, aux piétinements des danses, aux chocs des assiettes empilées, aux chansons reprises en chœur, aux interpellations sans nombre. A l'aube, les tavernes vomissaient des noceurs et des filles à visages défaits, tandis que le Paris matinal montrait, dans la solitude grise, sale et désolée du boulevard, les balayeurs à l'ouvrage ou les chiffonniers, types disparus, lacérant les affiches des spectacles de la veille.

La Parisienne du second Empire prendra, nous en sommes assuré, dans l'histoire de ce siècle un type très accusé et bien à part. Malgré le peu de recul que nous donnent encore les années, nous pouvons déjà juger du relief que prend chaque jour davantage tout ce qui touche à la deuxième période impériale. — Les *Mémoires* posthumes qu'on vient de publier d'après les manuscrits d'Horace de Viel-Castel, ce sceptique calomniographe, offrent déjà un intérêt de lecture, semblable aux anecdotes de Tallemant des Réaux ; de tous côtés, on réunit des documents curieux sur les hommes et les femmes du second Empire, et il ne faudra pas, croyons-nous, attendre aux premiers jours du xx° siècle pour qu'on puisse définitivement juger d'ensemble ce règne de vingt années et connaître au juste si le philosophe moraliste avait raison qui écrivit cet aphorisme :

« Le degré d'abaissement d'une nation se mesure exactement au degré d'effronterie qu'une femme peut publiquement y atteindre sans scandale. »

LES CONTEMPORAINES

LES CONTEMPORAINES

LA FIN DU SIÈCLE

UGER nos contemporaines n'est certes pas chose aisée. Après avoir parcouru, à travers modes, mœurs, anecdotes, l'histoire des Françaises de ce grand XIXᵉ siècle, sous tous ses petits côtés pittoresques et séduisants, il nous vient des scrupules en abordant cette physiologie dangereuse de la femme moderne. A vrai dire, pour mener à bien une étude si complexe, il faudrait audacieusement l'entreprendre à la façon de notre ancêtre Restif de La Bretonne, qui, mieux que Brantôme, consacra à l'analyse romanesque des Dames de son temps plus de quarante volumes dans lesquels il ne craint pas de cataloguer les Parisiennes du xviiiᵉ siècle, dans les différentes classes de la société, du bas en haut de cette échelle que la Révolution devait retourner.

Mais ici, nous n'étudions pas, à peine envisageons-nous les silhouettes qui passent, pour en noter vivement quelques menus détails saisis dans le prisme des costumes et des modes. La Contemporaine sous ses divers aspects, les romanciers réalistes sont là pour nous la détailler, avec toutes les complaisances malsaines et toutes les perversités abusives ; ils ne la quittent point... ; ces aimables vautours fouillent sa chair pantelante et mettent à jour ses nerfs, son cœur et son cerveau ; ils se sont partagé l'héritage de Restif ; ceux-ci ont mis leurs griffes sur les parties basses de nos « contemporaines du commun » ; ceux-là, plus éclectiques, dissèquent à loisir la courtisane ou la mondaine ; d'autres, qui affichent des prétentions à la *Comédie humaine,* parcourent dans toutes leurs nuances « les contemporaines graduées ».

A en croire ces moralistes démoralisants, la Parisienne de cette fin de siècle serait un petit monstre non moins coquin que coquet, cruel jusqu'à l'inouïsme et si essentiellement conduit par ses sens et son libertinage qu'il ne faudrait plus songer à lui confier sa foi, son cœur ni son repos. Nous avons parfois, il faut le dire, meilleure opinion de nos concitoyennes et, à côté, de certaines femmes qui ne sont que des étourderies de la nature. Nous pensons avec Goldsmith que la vierge modeste, l'épouse raisonnable, la mère prudente sont bien supérieures à toutes les femmes qui fixent l'attention du monde, à toutes les héroïnes de romans dont la seule occupation est d'assassiner l'humanité avec les flèches de leur esprit ou les regards de leurs beaux yeux. — Nous avons pu, dans un précédent ouvrage, parler sans détour de *la Parisienne moderne*[1], nous avons envisagé physiologiquement cette aristocratie féminine qui ne se trouve en son vrai milieu que dans la grande cité ; aujourd'hui, nous ne saurions revenir sur ce sujet et nous n'envisagerons nos contemporaines qu'au point de vue spécial de la psychologie et du goût, tout en nous permettant un très sobre résumé des circonstances diverses qui ont principalement favorisé l'éclosion des mœurs du jour.

Ce culte de la femme, culte idéalisé dans un paganisme plein de politesse et d'urbanité et qui se professait à l'autel de la beauté par mille hommages discrets, d'une exquise galanterie, ce culte que comprenait si bien « l'honnête homme » des anciennes Cours, n'est malheureusement plus de notre temps. La femme de cette fin de siècle règne despotique-

---

1. *Son Altesse la Femme.* Paris, Quantin, 1885.

ment encore sur nos cœurs, mais elle n'a plus la même influence heureuse sur nos esprits, nos mœurs et notre société. — La vie facile des cercles, des clubs, des réunions de plaisir, où les hommes peuvent fumer à loisir, causer sans gêne en termes court-vêtus et parfois complaisamment grossiers, nous a dérobés peu à peu à la bienfaisante intimité des femmes. La politesse, dans le sens de la sociabilité, est morte, pour ainsi dire, en France; il existe encore des convenances, des ménagements qui répondent à certaines tendances des caractères, à certaines exigences des intérêts; mais la politesse affinée, délicate, précieuse, toute faite d'affabilité, de prévenances, de petits soins, disparaît chaque jour davantage de notre petit monde égoïste et *américanisé,* où chacun songe à soi avec une préoccupation dominante.

Cette politesse d'autrefois à l'égard des femmes était, ainsi que la définissait Roqueplan, une science ou plutôt un art composé de tact naturel et de sentiments acquis, un agrément extérieur qui n'empruntait rien au mensonge ni au déguisement, mais qui se glissait comme un intermédiaire moelleux entre tous les contacts et toutes les rencontres; c'était une grâce qui dépouillait la contradiction de ce qu'elle avait de blessant, et la diversité des caractères de ce qu'elle avait de trop personnel; cette politesse de conciliation et de haute distinction ne trouve plus aujourd'hui son emploi dans nos existences fiévreuses et nos affrontements personnels.

Peut-être, dira-t-on, n'a-t-on plus le temps d'être poli, d'envelopper ses phrases des formes de la bienséance, de rechercher la périphrase, la métaphore, d'employer l'exorde et les précautions oratoires ; mais ce manque de politesse dans nos relations modernes est assurément la cause évidente et primordiale de cette sorte de détraquement de notre société et de cet état d'indépendance, de banalité de langage, d'allure bizarre, de névrose inconsciente qui caractérise la femme contemporaine.

Elle se sent esseulée, la pauvre, démunie de tout ce qui la faisait souveraine jadis ; elle a quelque chose de ce mystère, de cette tristesse, de cette froide banalité d'une église déserte d'où les saints sacrements et les sacrifices du culte sont bannis. — Déesse sans Olympe, elle cherche partout l'étincelle de sa divinité, et, voyant qu'on a désappris le chemin de son temple, elle s'est lancée dans les extravagances du dehors, fouettant sa vie à l'exemple des mâles, se masculinisant même, s'efforçant de ne plus penser, de ne plus rêver, de ne plus trôner, effarée, étourdie, donnant de la tête en tout lieu comme une légère hirondelle soudainement privée de son nid.

Pendant les dix-huit années de la monarchie de Juillet, un nouveau monde social s'était formé et développé peu à peu ; les romans de Mme Sand, de

Balzac, de Soulié, les poésies d'Alfred de Musset, de Lamartine et de Victor Hugo avaient imprimé un pli spécial aux caractères des jeunes femmes de la dernière génération ; toutes étaient avides d'hommages et de célébrité. « Hardiesse dépensée, élégance un peu cavalière, peu de politesse, même avec le meilleur air ; des nerfs sans vapeurs, une sensibilité susceptible d'émotions profondes, mais seulement pour des causes positives et surtout pour des questions d'intérêt : tels sont, écrivait, en fin observateur, le Dr Véron, les traits distinctifs des femmes plus ou moins politiques, plus ou moins à la mode sous le règne de Louis-Philippe. »

« Dès ce moment, dit l'auteur des *Mémoires d'un bourgeois de Paris,* on eut le règne du faubourg Saint-Honoré, du faubourg Saint-Germain, et bientôt l'avènement de la place Saint-Georges. Chaque quartier de Paris affichait, en effet, des mœurs différentes, dont le contraste ne pouvait en aucune façon se calculer, s'apprécier d'après les distances. On vit alors apparaître, aspirant à la célébrité frivole et passagère de la mode, de jeunes femmes, ayant du charme sans doute, de l'élégance toujours, mais une élégance plus constamment riche et recherchée, un certain esprit, mais revenu aux choses positives et que le vaporeux n'enivrait plus ; une précision de but et de volonté, qui se suivait sans effort au milieu des plus diverses et des plus brillantes dissipa-

LES CONTEMPORAINES

tions. Dans ce monde d'alors, la fortune tenait une grande place, comme toujours, mais une place certainement plus comptée et plus marquée; on prenait du plaisir à faire montre de richesses, soit par de coûteuses parures, soit par une recherche d'équipages soigneusement attelés, soit par un luxe d'ameublement, n'excluant ni les arts ni la haute curiosité. On ne saurait récuser ni méconnaître ces traits distinctifs des femmes à la mode sous la monarchie de Juillet; il suffirait de citer quelques noms, si on osait se le permettre, pour personnifier et pour *illustrer* ces études légères. »

Sous le second Empire, la femme française ne fit qu'accentuer les tendances que l'on vient d'exposer, tout en perdant encore beaucoup de sa politesse et quelque peu de sa grâce discrète. — A cette époque on eut la grande tristesse de voir se produire la confusion des mondes; les courtisanes, les célébrités à huit ressorts qui s'étaient tenues jusqu'alors dans la pénombre sociale, commencèrent à s'afficher en pleine lumière. Elles ne se dissimulaient plus maintenant dans des loges grillées ou des coupés bien clos; elles gagnaient peu à peu le haut du trottoir, chaque jour plus hardies, plus désireuses de tenir leur place au soleil. Le demi-monde fut créé; la presse encouragea les déclassées, parla de leur beauté, de leur charme, de leur esprit naturel, vanta le bon goût et l'excentricité de leurs toilettes; il fut question dans toutes les gazettes de ces reines de la main gauche dont on ne clandestinait plus les amours ; le reportage pénétra dans les boudoirs des actrices, des lorettes et des filles : on parla tour à tour d'Alice Ozy, de Mme de Païva, d'Esther Guimond, d'Andréa la Colombe, de Mogador, de Cora Pearl, de Finette, de toutes les *esbrouffantes* de la haute et basse galanterie ; on intéressa le public à ces créatures auxquelles on élevait tout à coup une sorte de piédestal. Les femmes bien nées s'occupèrent insensiblement des mœurs et des modes de ces dames de petite vertu ; les mondaines et demi-mondaines, qui se connaissaient secrètement par les confidences réciproques d'un mari ou d'un amant commun, qui servait de trait d'union entre elles, arrivèrent à s'observer en rivales, à se toiser sur même pied d'égalité, à se coudoyer sur les hippodromes des Courses, dans les bals d'Opéra, dans les kermesses et les fêtes de charité ; elles eurent les mêmes couturières, les mêmes modistes, et dans un concours de beauté et d'élégance elles luttèrent effrontément de désinvolture et de *chic*. Ce fut une révolution totale dans nos mœurs, un 89 d'un nouveau genre où l'on revendiquait les droits de la fille, car, selon le mot charmant d'un homme d'esprit : « La canaille féminine venait, elle aussi, d'ouvrir ses états généraux ».

Ce fut l'anarchie complète ; le *monde,* dans son

acception de suprême politesse, n'existait plus; les réunions de sociétés se firent rares, les salons se dépeuplèrent; le faubourg Saint-Germain cessa d'attirer toutes les aristocraties d'autrefois; seuls, les intérêts, les ambitions, le plaisir se rencontrèrent sous les mêmes lambris et donnèrent un faux semblant de vie à l'ancienne société française. Nos gouvernants, renouvelant la question de Louis XIV qui souvent demandait à propos d'une solution complexe : *Qu'en pense Ninon?* pouvaient interroger à leur tour sur mille et un sujets : *Quel peut bien être le sentiment de ces Dames ?*

Nos contemporaines sont, il faut bien le dire, les victimes de cet état social contre lequel elles ne peuvent s'insurger; livrées à elles-mêmes, habituées à toutes les confusions des classes, des rangs et des mœurs, forcées à l'indulgence, aux compromis de dignité et de conscience, elles subissent la morale courante qui les entraîne parfois plus loin qu'elles ne voudraient aller; leur vie est par là même désorbitée, déséquilibrée, sans centre, ni pondération; elles tombent, en conséquence, aux extrêmes dans le *meilleur* ou dans le *pire*. Les femmes de ce jour sentent qu'il n'est plus de bon goût, comme sous la Restauration, de cacher ses péchés, de voiler son âme et d'abriter ses sentiments dans le nid tendre et intime des choses frileuses et délicates ; la plupart, tout en affichant par mode des vices qu'elles n'ont pas, des extravagances superficielles et contraintes, demeurent, en secret, des incomprises, des révoltées contre la cuistrerie envahissante, des attristées de cette existence pour elles si banale, si vide, si creuse et si désespérante.

Après la cruelle guerre de 1870-71, le rire s'est éteint en France bien qu'on ait tenté en littérature et en art de faire revivre le vieil esprit gaulois, les grivoiseries d'un autre âge, les contes gras et les historiettes gaillardes. En dépit de toutes ces titillations de la rate et du cerveau, le rire n'éclata plus. franchement, dans notre pays, avec sa sonorité de clairon, avec sa stridence de chant gallique ; le rire français n'est plus, hélas ! qu'un sourire pâle de convalescent, un sourire nerveux, bienveillant, superficiel, attristé, presque exsangue ; la gaieté n'est plus dans l'âme de la nation, le pays boude et se désespère comme un joueur battu, blessé dans son orgueil et dans une rare confiance en son étoile.

A nos mondaines, il ne reste plus que cet art de la coquetterie, que ces recherches de l'habillement qui sont comme des temps de repos dans leur ennui latent. Tapies dans leur intérieur, elles s'efforcent de peupler leur solitude de bibelots gais et éclatants, de coloris, qui mettent des notes claires et fraîches dans la monotonie grise de leurs journées.

Elles empruntent à l'Orient ses chaudes lumières d'art, ses chatoyantes draperies, ses bariolages bizarres ; son chromatisme merveilleux. Elles s'affolent du Japon, de ses crépons, de ses peintures sur étoffe, car elles retrouvent partout dans ces conceptions exquises de fraîches aurores, d'étonnants paysages fleuris, des rêveries poétiques pleines d'oiseaux, de fleurettes, d'iris et de fruits incarnadins. — Leur imagination revit tout à coup à la vue de ces ciels fantastiques, rompus de tons francs et mourants ; leur rêve se perd dans des horizons prismatiques qui créent, grâce au mirage de leurs yeux, une pseudochromie charmeresse, une évocation de choses infinies, noyées dans des lointains illusoires.

On les voit, le jour, vêtues avec une grâce exquise, se promener dans ces grands bazars de nouveautés, chercheuses, fureteuses, inventoriant les soieries, les lainages, les lingeries, toutes les menues futilités de la toilette ; friandes d'occasions et de bon marché, femmes de bric-à-brac et de provisions, dépensant sans utilité, sans besoin, par boutade ou caprice mal défini, car le désœuvrement, l'ennui du *home*, le frisson solitaire et glacé de leur âme, les chasse du logis et les conduit par une recherche de distraction et d'oubli dans ces vastes magasins, où elles rôdent sans fin, bavardent sans raison, trouvant au milieu de cette cohue féminine, dans ces écrasements, ces frôlements, ce va-et-vient perpétuel, comme une sensation très alambiquée, très complexe de griserie morale, profonde et malsaine, et subissant presque une impulsion d'activité qui les sort d'elles-mêmes et de l'alanguissement qui les trouble et les épeure chaque jour de plus en plus.

Les modes modernes tiennent essentiellement à cet esprit inquiet, chercheur et artiste de nos contemporaines; la toilette demande aujourd'hui à l'art ses meilleures créations et quelques-unes de nos modes ne sont que simples copies de tableaux de maîtres. On s'occupe de toutes parts de l'art de la femme; tout ce qui peut concourir à sa grâce, à la beauté de ses formes, aux charmes de son visage, est étudié avec des soins minutieux. Depuis dix ans, les vieux dessins, les vieilles étoffes, les anciennes dentelles et guipures, les vieux points qui firent la célébrité de certaines contrées sont généralement remis en honneur. — On prend partout selon son bon goût et le caractère de sa physionomie; dans une même réunion, on verra un camail régence à côté d'un justaucorps lacé à la Marguerite de Faust, un corsage inspiré de la Restauration non loin d'une jupe tombant droite à la manière des toilettes du premier Empire. On vit du passé et du cosmopolitisme à la fois; on recherche les gravures de modes, on s'en inspire, on les confond, on les unit, et souvent, de dix toilettes dissemblables, conçues à des intervalles de vingt ans, on crée un type de costume original, charmant, d'un goût ravissant. Les couturiers et couturières parisiens, les Worth, les Laferrière, les Pinga, les Félix, les Rodrigues et aussi les sœurs Duluc, ces admirables artistes en robes et en manteaux, font revivre dans des toilettes inimitables l'histoire de France tout entière. — La mode existe-t-elle encore avec de tels créateurs fantaisistes? — On pourrait croire le contraire; la Mode des modes tend de plus en plus à faire son apparition; ce nouvel usage inaugurera un uniforme général pour les gens affairés, hâtifs et sans goût; pour les profanes qui s'achalandent aux confections, comme d'autres se restaurent au bouillon Duval, tandis qu'il fera naître une diversité de costumes bizarres sans expressions ni caractère absolument, définis; sans cohésion d'ensemble, mais originaux individuellement et que rechercheront toujours les véritables élégantes qui tiennent encore à la personnalité et au cachet distinctif.

Il est facile de voir que, depuis quinze ans, les femmes du haut monde se soustraient de plus en plus à l'influence tyrannique d'une mode régnante; toutes vont de l'avant; la foule suit, mais l'élite ne subit que son inspiration et ne relève que d'elle-même ou des couturiers créateurs. La simplicité seule domine partout aujourd'hui et reste la marque délicate du bon ton, de la distinction et de la véritable aristocratie du goût.

La conclusion de ce livre est sous nos yeux ; nous risquerions de passer assurément pour un mécréant ou pour un maladroit dans l'esprit de nos élégantes lectrices en voulant exposer ici et étaler complaisamment les types variés des costumes du jour ou bien encore remuer tous les chiffons catalogués du *Bonheur des Dames* ; pour aisé qu'il puisse paraître de nous montrer ici analyste à tous crins, sous une forme originale, nous renonçons volontiers à faire exposition de cette petite vanité. Nous avons écrit cet ouvrage, au courant de notre inspiration, comme une simple flânerie à travers la société, ses mœurs et ses recherches dans l'art du vêtement. Ce n'est, à proprement parler, ni une histoire de nos usages, ni un tableau des élégances parisiennes ; ce serait plutôt une suite d'aperçus sur la vie frivole de ce siècle, un panorama instantané où nous nous sommes efforcé de réunir comme la sensation furtive des plaisirs mondains à certaines dates de ce xix⁰ siècle, si prodigieusement gonflé d'événements. Nous avons esquissé à la plume la physionomie mouvante des coquetteries de la toilette, apportant, autant que possible, une sorte de couleur locale, comme un extrait de l'air ambiant,

spécial à chaque époque, dans toutes ces légères descriptions. — Arrivé au terme de la route, ces pages,
dans leur ensemble, ne nous déplaisent pas absolument, si elles nous choquent parfois en raison de
l'étranglement voulu et forcé des détails et aussi par
le manque d'air et de mise en scène dans l'exposition des costumes. Quoi qu'il en soit, cette œuvre
de monographe musard, capricieux et indépendant,
toute sautillante et incohérente qu'elle puisse paraître, aura le mérite d'être placée en avant-garde
de toutes les publications qu'on fera avant peu sur
les grandes et mirifiques manifestations sociales du
xixᵉ siècle. — Nous avons réduit nos prétentions
sous un petit format, pour être mieux accueilli par
la généralité des lecteurs ; si quelque jour nous en-
treprenons une Histoire des Modes de 1789 à nos
jours, nous serons assurément plus grave, plus ma-
jestueux, plus solennel ; on nous consultera alors
comme un vieux père conscrit de l'érudition minu-
tieuse, logique et systématique, mais, hélas ! on
ne nous lira plus comme un jeune et simple volti-
geur de la fantaisie, ce qu'il est encore loisible à
chacun de faire aujourd'hui, au cas toutefois que
l'on se soucierait de ces bulles de savon édulcorées
de notions historiques et très largement addition-
nées de pansophie à l'eau de rose.

FIN

TABLE

MENUS PROPOS D'AVANT-GARDE . . . . I à XVI

NYMPHES ET MERVEILLEUSES. 1

NOS DÉESSES DE L'AN VIII. 43

LES GRANDES COQUETTES DU PREMIER EMPIRE. . . 77

LE MIROIR DES MODES SOUS LA RESTAURATION . . 113

ÉLÉGANCES ROMANTIQUES. 153

LIONNES ET FASHIONABLES. 189

ÉCHOS DU BON TON ET DE LA VIE MONDAINE EN 1850. 209

LES PARISIENNES SOUS LE SECOND EMPIRE. 229

LES CONTEMPORAINES. 257

Achevé d'imprimer

SUR LES PRESSES TYPOGRAPHIQUES ET EN TAILLE-DOUCE

DE

A. QUANTIN

Imprimeur-Éditeur

CE QUATRIÈME JOUR DE NOVEMBRE

M.D.CCCLXXXV